청년창업사관학교
합격노트

청년창업사관학교 합격노트

39세 이하 청년창업 성공 솔루션

이준병 지음

**창업을 꿈꾸는 청년이라면
꼭 봐야 할 실전 가이드!**

사업 아이템 발굴 및 사업계획서 작성에서 심사 대응 전략까지
최신 트렌드와 정부지원 활용법을 한 번에
실패 없는 창업 준비, 합격생 전략 그대로 공개
이준병 교수가 알려주는 청년창업사관학교 로드맵

엘프린트

서문

　창업은 도전과 가능성을 동시에 내포한 여정이다. 이는 개인의 잠재력을 시험하고, 새로운 기회를 창출하며, 혁신적인 아이디어를 현실로 만드는 과정이다. 특히 청년 창업은 단순히 개인의 성공에 그치지 않고, 지역 사회와 국가 경제의 발전에 기여하는 중요한 역할을 한다. 이러한 창업의 가치는 점점 더 중요해지고 있으며, 이를 실현하기 위한 준비와 노력이 더욱 강조되고 있다. 이 책은 창업을 꿈꾸는 청년들에게 실질적인 도움을 주기 위해 만들어졌다. 청년창업사관학교의 프로그램과 성공 사례를 중심으로, 창업 아이템 발굴부터 사업계획서 작성, 지원 프로그램 활용까지의 전 과정을 체계적으로 안내한다.

　오늘날 창업 환경은 이전과 비교할 수 없을 정도로 빠르게 변화하고 있다. 기술 혁신, 디지털 전환, 그리고 시장 트렌드의 변화는 창업자들에게 무한한 기회를 제공하는 동시에 새로운 도전 과제를 안겨 준다. 이에 따라 창업자들에게는 철저한 준비와 전략적 접근이 필수적이다. 이 책은 이러한 변화에 발맞추어 창업 아이템의 차별화 전략과 성공적인 실행 방안을 구체적으로 제시한다. 또한, 창업 과정에서 마주할 수 있는 다양한 어려움과 이를 극복하기 위한 실질적인 조언을 담고 있다. 이를 통해 독자들은 창업의 기본 원리뿐 아니라, 실질적인 문제 해결 능력을 키울 수 있을 것이다.

청년창업사관학교의 지원을 받은 G사는 디지털 헬스케어 플랫폼을 개발하여 초기 투자 유치에 성공했으며, 현재는 연 매출 10억 원 이상을 기록하고 있습니다. 이와 같이 다양한 성공 사례는 창업자들에게 실질적인 영감을 제공한다. 각 사례는 창업자들이 어떤 아이디어를 어떻게 발전시켰는지, 그리고 어떤 지원과 노력이 성공을 이끌었는지를 보여 준다. 예를 들어, 기술 기반 스타트업부터 전통 산업을 혁신한 사례에 이르기까지, 다양한 창업 이야기들은 독자들에게 창업에 대한 구체적인 비전을 제시한다. 이러한 성공 사례들은 단순한 영감 이상의 의미를 가지며, 독자들에게 자신만의 창업 여정을 설계하는 데 필요한 통찰과 자신감을 제공한다. 이는 창업이라는 여정이 결코 혼자가 아닌, 다양한 지원과 협력 속에서 이루어질 수 있음을 보여 주는 좋은 본보기다.

이 책에서는 청년창업사관학교의 주요 프로그램인 창업 아이템 발굴, 사업계획서 작성 워크숍, 투자자 네트워크 연결 등 구체적인 지원 내용을 다루며, 창업자들이 이를 효과적으로 활용할 수 있도록 안내한다. 이 책은 단순히 정보를 제공하는 것을 넘어, 창업이라는 여정에 첫걸음을 내딛는 이들에게 든든한 동반자가 되고자 한다. 청년 창업가들이 직면할 수 있는 여러 상황에 대해 현실적인 조언을 담았으며, 이를 통해 독자들이 자신의 창업 여정을 구체적으로 계획하고 실행할 수 있도록 돕는다. 또한, 창업의 꿈을 이루는 데 필요한 자원과 도구를 효과적으로 활용하는 방법을 소개하여 창업의 성공 가능성을 높인다.

이 책이 제공하는 실질적인 조언과 사례를 통해 창업의 꿈을 더 구체화하고, 창업 성공을 위한 첫걸음을 내딛는 데 든든한 길잡이가 되길 희망한다. 이 책을 통해 창업의 꿈을 실현하고, 새로운 가능성을 열어 가는 데 필요한 지식과 자신감을 얻기를 기대한다. 창업이라는 길에서 이 책이 든든한 길잡이가 되기를 진심으로 바란다.

이준병

목차

서문 ··· 5

1장. 창업 시장 트렌드 및 유망 아이템 분석

1-1. 최신 창업 트렌드 분석 ··· 13

1-2. 성공적인 창업 아이템 특성과 차별화 전략 ··· 23

2장. 청년창업사관학교 안내

2-1. 청년창업사관학교 개요 및 지원 절차 ··· 39

2-2. 교육 및 멘토링 프로그램 ··· 46

2-3. 우수 졸업생 혜택 및 네트워킹 ··· 50

3장. 실전 사업계획서 작성 가이드

3-1. 사업 아이템 선정 및 차별화 전략 ··· 55

3-2. 사업계획서 항목별 작성법 및 예시 ··· 74

4장. 평가 기준 및 전략적 대응 방안

4-1. 내부 평가 기준 분석 ··· 105

4-2. 평가 항목별 준비 전략 및 심사 대응법 ··· 118

5장. 업종별 사업계획서 작성 예시

5-1. 플랫폼 사업 ··· 132

5-2. 제조업 ··· 142

5-3. 식품 산업 ··· 150

5-4. 공예 및 디자인 ··· 159

6장. 성공 창업 사례 및 성장 전략

6-1. 졸업생 성장 스토리 ··· 171

6-2. 사업 확장 및 글로벌 진출 전략 ··· 174

6-3. 투자 유치 전략 및 실행 사례 ··· 192

마무리: 새로운 도전의 시작 ··· 198

부록

1. 사업계획서 양식 ··· 204

2. 자주 묻는 질문(FAQ) 및 실전 팁 ··· 218

   자주 묻는 질문 (FAQ) ··· 218

   실전 팁 ··· 220

1장

창업 시장 트렌드 및 유망 아이템 분석

청년창업사관학교
합격노트

1-1
최신 창업 트렌드 분석

최신 창업 트렌드

오늘날 창업 시장은 기술의 발전과 사회적 변화에 따라 빠르게 진화하고 있다. 첨부된 자료를 바탕으로, 현재 주목받는 주요 창업 트렌드 다섯 가지를 다음과 같이 정리한다. 이 트렌드는 창업의 방향성을 제시하며, 관련 성공 사례와 유망 분야를 통해 그 중요성을 확인할 수 있다.

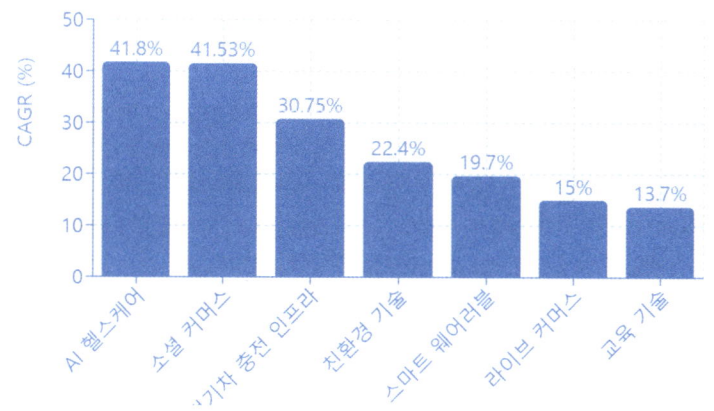

1) 디지털 전환

디지털 기술은 기존 비즈니스 모델을 혁신하고 새로운 시장 기회를 창출하고 있다. 인공지능(AI), 빅데이터, 클라우드 컴퓨팅, 사물인터넷(IoT) 등은 창업의 핵심 동력으로 작용한다.

AI 활용	소비자 행동 분석, 맞춤형 추천 시스템 구축을 통해 고객 경험을 개인화한다. 예를 들어, AI 기반 고객 서비스 챗봇은 24시간 맞춤형 지원을 제공한다.
빅데이터	대규모 데이터를 분석해 시장 트렌드와 고객 니즈를 예측하며 전략적 의사 결정을 돕는다. 이를 통해 제품 개발 주기를 단축하고 성공 가능성을 높인다.
클라우드 컴퓨팅	초기 창업 비용을 절감하고 유연한 사업 환경을 제공하며, 협업 툴의 활용도를 높인다.
IoT 기술	스마트홈, 헬스케어, 물류 등 다양한 응용 분야에서 창업 기회를 확대한다. 특히 IoT 센서를 활용한 에너지 관리 솔루션은 친환경 창업의 대표적 사례다

2) 지속 가능성

환경 보호와 사회적 책임에 대한 소비자 요구가 증가하며 지속 가능한 비즈니스 모델이 주목받고 있다.

친환경 제품	재활용 소재와 생분해성 포장재를 사용한 제품은 소비자의 환경 의식을 만족시키며, 브랜드 이미지 향상에 기여한다.
에너지 효율성 개선	태양광, 풍력과 같은 지속 가능한 에너지원 활용 및 탄소 배출 감소를 목표로 하는 기술 개발이 활발하다.
사회적 책임 경영	공정 무역, 지역 사회 지원 프로젝트 등을 통해 기업의 긍정적인 사회적 이미지를 구축한다. 이는 장기적인 고객 충성도를 확보하는 데 효과적이다.

3) 맞춤형 서비스 제공

개인화된 경험과 맞춤형 서비스는 고객 만족도를 높이고, 높은 충성도를 구축할 수 있는 핵심 전략이다.

구독형 모델	정기적으로 제품과 서비스를 제공해 안정적인 수익 구조를 만든다. 예를 들어, 식료품 배송 서비스는 구독 기반으로 운영되며 고객의 지속적인 수요를 충족시킨다.
데이터 기반 개인화	소비자 데이터를 분석하여 선호도와 행동 패턴에 맞춘 상품 및 서비스를 제공한다.
UX/UI 강화	직관적이고 사용하기 쉬운 인터페이스는 사용자 경험을 혁신하며, 고객의 재구매 의도를 높인다.

4) 비대면 및 원격 서비스

팬데믹 이후 비대면 서비스와 원격 근무가 보편화되며 관련 분야에서 창업 기회가 크게 증가했다.

온라인 교육 플랫폼	비대면 학습 수요 증가에 따라 인터랙티브 콘텐츠와 AI 기반 학습 보조 도구가 주목받고 있다. 온라인 교육 플랫폼을 활용해 연매출이 150% 증가한 사례가 있다.
원격 의료 서비스	헬스케어 기술을 기반으로 한 진단 및 상담은 환자 편의성을 극대화하며 의료 접근성을 개선한다. 원격 의료 서비스가 신규 환자 유입에 성공한 사례가 있다.
가상 이벤트	디지털 플랫폼을 활용한 비대면 행사는 글로벌 참여자를 대상으로 새로운 시장을 열었다.

5) 사회적 가치 중심 창업

기업의 사회적 가치를 중시하는 소비자 경향에 따라 윤리적이고 사회적 책임을 강조한 사업이 각광받고 있다.

공정 무역 사업	생산자의 권익을 보호하며 소비자와 연결하는 윤리적인 비즈니스 모델이다.
지역 사회 협력 프로젝트	지역 경제 활성화와 공동체 강화를 목표로 하는 사업이 증가하고 있다.
다양성과 포용성	다양한 계층의 참여를 독려하는 비즈니스 모델은 사회적 가치 실현과 동시에 새로운 소비층을 유치한다.

6) 유망 분야 및 성공 사례

첨부 자료에 따르면, 창업 트렌드와 맞물린 유망 분야는 다음과 같다.

스마트 헬스케어	웨어러블 디바이스와 원격 진료 플랫폼은 헬스케어의 개인화와 접근성을 혁신한다.
친환경 기술	에너지 절약 장치 및 대체 에너지 솔루션은 지속 가능성을 중시하는 소비자들에게 큰 인기를 끌고 있다.
커머스 혁신	소셜 커머스와 라이브 쇼핑 플랫폼은 소비자와의 실시간 소통을 통해 구매 경험을 혁신한다.
교육 기술 (EdTech)	AI 기반 학습 보조 및 맞춤형 학습 관리 시스템은 교육의 효율성과 접근성을 동시에 높인다.
모빌리티 서비스	AI 기반 학습 보조 및 맞춤형 학습 관리 시스템은 교육의 효율성과 접근성을 동시에 높인다.

현대 시장은 변화의 속도와 규모에서 전례 없는 혁신의 시기를 맞이하고 있다. 이러한 변화는 기술 발전, 소비자 행동의 변화, 글로벌 경제 구조의 재편이라는 세 가지 주요 축을 중심으로 전개되고 있으며, 창업자들에게 다양한 기회와 도전을 제시한다. 이 장에서는 각 변화의 요인을 심층적으로 살펴보고, 창업자들이 이를 활용하여 성공적인 비즈니스를

구축할 수 있는 구체적인 기회 포인트를 제시한다.

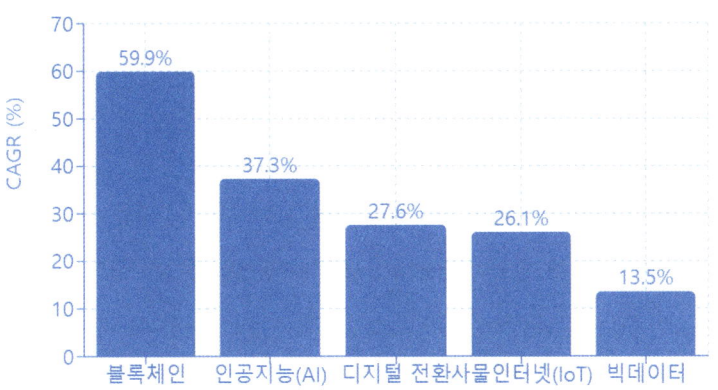

디지털 기술 분야별 연평균 성장률
(2023~2030 예측)

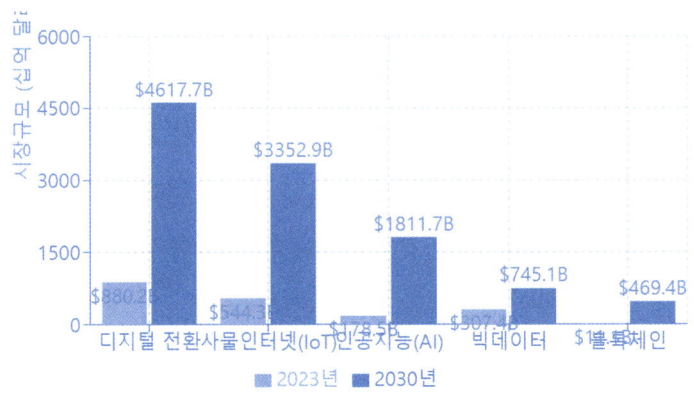

디지털 기술 분야별 시장규모 전망
(2023~2030 예측)

시장 변화와 창업 기회 포인트 소개

1) 기술 혁신과 창업 기회

기술 발전은 창업 환경을 혁신적으로 변화시키고 있다. 디지털 전환, 인공지능(AI), 빅데이터, 사물인터넷(IoT), 블록체인과 같은 기술은 창업자들에게 새로운 가능성을 열어 준다.

- **인공지능(AI):** AI는 고객 행동 분석, 예측 모델링, 자동화된 서비스 제공을 통해 창업자들에게 효율성과 경쟁력을 제공한다. 예를 들어, AI 기반 물류 최적화 시스템과 같은 사례처럼 AI 기반 물류 최적화 시스템은 비용을 절감하고 배송 시간을 단축하여 고객 만족도를 높일 수 있다.
- **빅데이터 분석:** 방대한 데이터를 활용해 시장 트렌드와 고객의 니즈를 파악하는 것은 맞춤형 제품 개발과 정교한 마케팅 전략을 가능하게 한다. 예를 들어, 한 창업자는 소비자 구매 데이터를 활용하여 신규 시장을 개척한 성공 사례를 보였다.
- **사물인터넷(IoT):** IoT는 스마트 기기와 센서를 통해 데이터를 수집하고 자동화 프로세스를 구현하는 데 활용된다. 예를 들어, 헬스케어 분야의 웨어러블 기기를 통해 사용자 데이터를 실시간으로 수집하여 개인화된 건강 관리를 제공한 사례가 있다.
- **블록체인:** 블록체인 기술은 보안과 투명성이 중요한 분야에서 신뢰 기반 시스템을 구축하는 데 활용된다. 공급망 관리 시스템에 블록체인을 적용하여 위조 방지와 투명성을 강화한 사례가 포함되어 있다.

2) 소비자 행동 변화와 창업 기회

소비자 행동은 기술과 사회적 변화에 따라 빠르게 변화하고 있다. 현대 소비자는 편리함, 맞춤형 경험, 지속 가능성을 우선시하며, 이는 창업자들에게 새로운 전략을 요구한다.

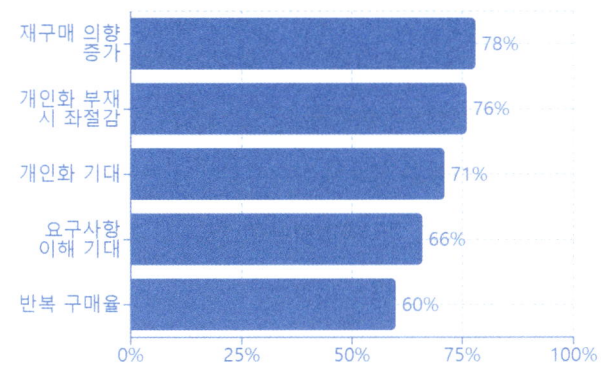

개인화 서비스에 대한 소비자 선호도

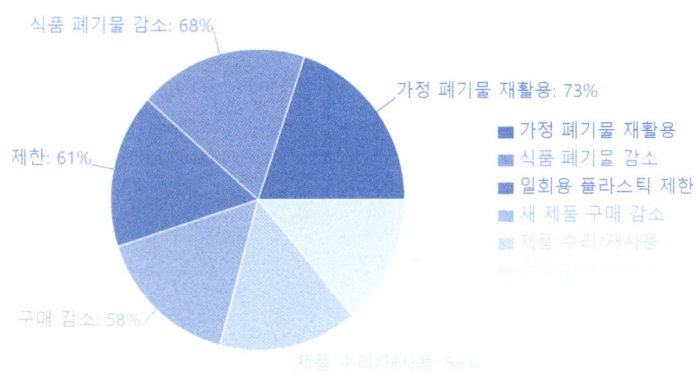

지속 가능성 관련 소비자 행동

* 각 수치는 해당 행동을 실천하는 소비자의 비율을 나타냅니다.

- **개인화된 경험 제공**

  소비자 데이터를 분석해 개인 맞춤형 제품과 서비스를 제공하는 비즈니스 모델이 증가하고 있다. 예를 들어, 구독형 뷰티 서비스는 소비자의 피부 상태와 선호도를 기반으로 최적화된 제품을 추천하며 높은 만족도를 기록했다.

- **구독 경제의 확산**

  정기 구독 모델은 고객과의 장기적 관계를 구축하며 안정적인 수익을 보장한다. 한 사례에서는 식료품 정기 구독 서비스를 통해 고객 충성도를 높이고 안정적인 매출을 확보했다.

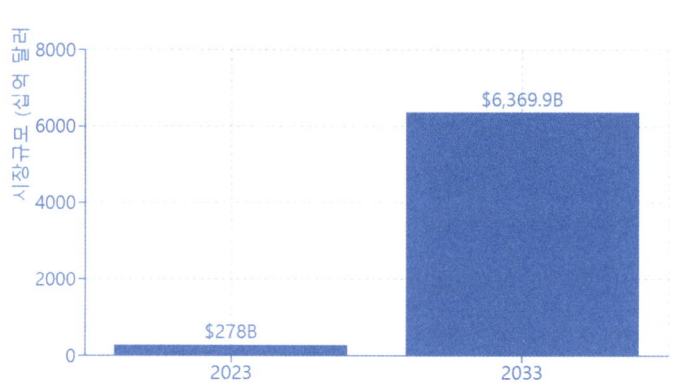

구독 경제 시장 전망

주요 통계
- CAGR: 41.38% (2025~2033)
- 미국 성인의 50% 이상이 최소 1개의 구독 서비스 이용
- 주요 이용 이유: 편리성 (50%)

- **지속 가능성 요구**

    소비자는 환경 친화적 제품과 공정 무역 상품에 대한 선호도가 증가하고 있다. 한 사례에서는 친환경 포장재를 도입하여 브랜드 충성도를 높인 성공 사례가 포함되어 있다.

3) 글로벌 경제 구조 변화와 창업 기회

글로벌화와 지역화가 동시에 진행되는 시대에 창업자는 글로벌 시장과 로컬 시장 모두를 고려한 전략을 수립해야 한다. 이러한 이중적 접근은 지속 가능한 성장을 위한 기반을 제공한다.

- **글로벌 시장 접근**

    전자상거래 플랫폼의 발전은 소규모 창업자들에게도 글로벌 시장에 접근할 수 있는 기회를 제공한다. 한 로컬 브랜드가 글로벌 전자상거래 플랫폼을 통해 해외 매출을 두 배로 늘린 사례를 언급하고 있다.

- **지역 경제 활성화**

    지역 커뮤니티와 협력해 지역 특화 상품과 서비스를 개발하는 것은 강력한 로컬 브랜드로 성장할 수 있는 기회를 제공한다. 지역의 독특한 문화와 스토리텔링을 결합하여 시장 점유율을 확대한 성공 사례가 자료에 포함되어 있다.

- **디지털 노마드와 원격 근무**

    디지털 노마드의 증가와 원격 근무의 보편화는 이를 지원하는 협업 툴, 숙박 및 커뮤니티 공간 비즈니스 모델의 성장을 촉진한다. 이러한 요구를 충족하기 위해 전용 공간을 제공한 사례가 포함되어 있다.

4) 창업 기회 포인트

- **기술 기반 비즈니스 모델**
  기술을 통해 고객 문제를 해결하거나 새로운 가치를 창출하는 모델은 여전히 유망하다.

- **지속 가능성 중심 서비스**
  재활용, 친환경 제품, 에너지 효율성을 강조한 사업은 지속적인 성장 가능성을 가진다.

- **데이터 기반 개인화 서비스**
  소비자 데이터를 활용해 맞춤형 경험을 제공하는 비즈니스는 높은 고객 만족도를 달성할 수 있다.

- **지역 특화 비즈니스**
  지역의 문화와 자원을 활용한 창업 아이템은 로컬 브랜드로 자리 잡을 가능성이 크다.

- **융합 산업 기회**
  기존 산업과 기술의 융합은 새로운 시장을 창출하고 기존 시장을 재편할 수 있다.

시장은 끊임없이 변화하며, 이러한 변화는 단순히 도전에 그치지 않고 새로운 기회를 제공한다. 창업자는 시장의 움직임을 민첩하게 파악하고, 이를 기반으로 혁신적인 전략을 설계해 성장 가능성을 극대화해야 한다. 변화하는 시장 환경을 활용해 창업 아이디어를 실현하는 것은 이제 선택이 아닌 필수다.

1-2

성공적인 창업 아이템 특성과 차별화 전략

문제 해결 중심 접근

성공적인 창업 아이템의 핵심은 문제 해결에 있다. 소비자나 기업이 직면하고 있는 명확한 문제를 파악하고, 이를 해결할 수 있는 구체적이고 효과적인 방법을 제시하는 것이 성공의 시작점이다. 문제 해결 중심 접근은 창업 아이템 개발의 모든 단계에서 중심축이 되어야 하며, 이를 통해 고객에게 실질적인 가치를 제공할 수 있다.

1) 문제의 정의

문제를 정의하는 과정은 창업의 첫 단계이자 가장 중요한 단계이다. 문제를 명확히 정의하지 못하면 해결책 또한 불분명해질 가능성이 높다. 창업자는 다음과 같은 질문을 통해 문제를 정의해야 한다:

- 소비자나 기업이 반복적으로 겪고 있는 불편함은 무엇인가?
- 현재 시장에서 이 문제를 효과적으로 해결하지 못하는 이유는 무엇인가?
- 해결되지 않은 이 문제로 인해 발생하는 경제적, 시간적 손실은 얼마나 되는가?

이 단계에서는 고객 설문조사, 시장 데이터 분석, 현장 관찰 등을 통해 문제의 실질적인 원인과 범위를 명확히 해야 한다. 문제 정의가 정확할수록 해결책 설계 과정이 효율적으로 진행된다.

2) 해결책 설계

문제를 정의한 후에는 이를 해결하기 위한 구체적인 방안을 설계해야 한다. 해결책 설계 과정에서 창업자는 다음의 원칙을 고려해야 한다:

- **효율성**: 문제 해결 방법이 기존보다 얼마나 효율적인가?
- **실현 가능성**: 기술적, 재정적으로 구현이 가능한가?
- **차별성**: 경쟁 제품이나 서비스와 비교해 차별화된 요소가 명확한가?
- **지속 가능성**: 단기적인 효과뿐만 아니라 장기적으로도 효과가 유지되는가?

효과적인 해결책 설계는 고객의 실제 요구를 반영하고, 사용 편의성을 강조해야 한다. 또한, 프로토타입 개발 및 테스트를 통해 초기 단계에서 문제점을 발견하고 보완해야 한다.

3) 고객 중심의 접근

문제를 해결하는 데 있어 가장 중요한 요소는 고객의 관점에서 생각하는 것이다. 고객 중심의 접근은 창업 아이템의 성공 가능성을 크게 높인다. 이를 위해 다음을 실천할 수 있다.

- **사용자 인터뷰**: 고객의 니즈를 직접 듣고, 그들이 느끼는 문제를 정확히 이해한다.
- **프로토타입 테스트**: 초기 버전의 제품이나 서비스를 개발해 고객의 피드백을 받는다.
- **맞춤형 솔루션 제공**: 개별 고객의 요구에 부합하는 맞춤형 경험을 제공한다.

이 과정에서는 고객과의 지속적인 소통을 통해 제품이나 서비스가 실제로 문제를 해결하는지 확인해야 한다. 이를 통해 충성도 높은 고객층을 확보할 수 있다.

4) 데이터 기반 의사 결정

문제 해결 과정에서는 데이터 분석을 통해 근거 기반의 의사 결정을 내려야 한다. 고객 행동 데이터, 시장 조사 결과, 경쟁 분석 자료 등을 활용해 문제의 원인과 해결책을 구체화한다. 데이터 기반 접근은 다음과 같은 장점을 제공한다.

- **정확성**: 문제의 범위와 심각성을 수치화할 수 있다.
- **효율성**: 리소스를 효과직으로 배분하여 불필요한 낭비를 줄인다.
- **객관성**: 창업자의 주관적 판단을 보완해 신뢰할 수 있는 결정을 내릴 수 있다.

데이터는 문제 해결뿐만 아니라 제품의 개선 및 확장 가능성을 탐구하는 데도 중요한 역할을 한다. 이를 통해 시장 변화에 빠르게 대응할 수 있다.

5) 지속적인 개선

문제 해결 중심 접근은 한 번으로 끝나지 않는다. 지속적으로 고객 피드백을 수집하고 이를 바탕으로 제품이나 서비스를 개선해 나가야 한다. 이를 위해 다음과 같은 프로세스를 구축할 수 있다.

- **정기적인 고객 설문**: 주기적으로 고객의 만족도를 측정하고 개선점을 파악한다.
- **시장 변화 모니터링**: 변화하는 시장 환경에 맞춰 해결책을 업데이트한다.
- **경쟁 분석 강화**: 경쟁사의 움직임을 관찰하며 차별화된 요소를 강화한다.

지속적인 개선은 고객의 신뢰를 높이고, 제품의 생명 주기를 연장하는 데 필수적이다. 이를 통해 창업자는 변화하는 시장에서 경쟁 우위를 유지할 수 있다.

6) 관련 사례

- **리얼티쓰의 성공 사례**

  리얼티쓰는 AI 기반 3D 디자인 솔루션을 통해 환자 맞춤형 치과 보철물을 제공한다. 이 기술은 기존 수작업 방식의 불량률을 줄이고, 제작 시간과 비용을 단축하며 고객 만족도를 크게 높였다. 현재 글로벌 시장 진출을 위해 싱가포르, 미국, 중국에서 국제 상표를 출원 중이다.

- **크래블의 성공 사례**

  크래블은 자율주행 농업 로봇 OTOA-KIT을 개발해 농업의 자동화를 실현했다. 이 제품은 농작업 효율성을 극대화하며, 2024 제네바 국제발명전시회에서 은상을 수상했다. 또한, 2025년까지 인도네시아와 국내 시장에 총 500대 판매를 목표로 하고 있다.

7) 글로벌 시장으로의 진출

- **글로벌 시장의 중요성**

  문제 해결 중심 접근은 글로벌 시장 진출에서도 핵심 역할을 한다. 예를 들어, 리얼티쓰는 AI 기반 기술을 활용해 글로벌 시장에서 차별화된 가치를 제공하며 경쟁력을 확보하고 있다.

- **확장 가능한 비즈니스 모델**

  지속적인 문제 해결 과정을 통해 기존 고객층을 유지하면서 새로운 시장을 탐색할 수 있다. 크래블은 IoT와 자율주행 기술을 결합해 농업의 효율성을 높이는 동시에, 지속 가능한 농업 모델을 구축하여 글로벌 농업 시장에서도 경쟁 우위를 점하고 있다.

문제 해결 중심 접근은 성공적인 창업의 필수 요소이다. 창업자는 고객의 문제를 정확히 이해하고, 이를 해결하기 위한 차별화된 방안을 제시하며, 지속적으로 개선을 통해 고객의 신뢰와 만족을 얻어야 한다. 또한, 이러한 접근은 창업자가 변화하는 시장 환경에서 유연하게 대응하고 장기적인 성공을 이끌어낼 수 있도록 돕는다.

기술 기반 혁신 및 시장 타겟팅

1) 기술 기반 혁신의 중요성

기술은 현대 창업에서 경쟁력을 확보하는 가장 강력한 도구 중 하나이다. 기술 기반 혁신은 기존의 문제를 해결하거나 새로운 시장을 창출하며, 창업자들에게 지속 가능한 비즈니스 모델을 구축할 기회를 제공한다. 디지털 전환과 같은 기술적 진보는 고객 경험을 개선하고, 운영 효율성을 높이며, 시장 진입 장벽을 낮추는 데 중요한 역할을 한다.

2) 주요 기술 요소

① **인공지능(AI)과 머신러닝**

고객 행동 예측, 추천 시스템, 자동화된 서비스 제공 등에서 중요한 역할을 한다. AI는 데이터 분석을 통해 고객의 구매 패턴을 이해하고, 이를 바탕으로 맞춤형 솔루션을 제공할 수 있다.

- AI 기반 추천 알고리즘을 활용해 고객의 선호도를 파악하고 맞춤형 제품을 추천하는 온라인 플랫폼. 이는 고객 충성도를 높이고, 재구매율을 향상시키는 데 기여한다.

② **빅데이터 분석**

대규모 데이터를 수집하고 분석하여 시장 트렌드를 파악하고, 전략적 의사 결정을 지원한다. 기업은 빅데이터를 활용해 고객 세분화, 경쟁 분석, 제품 최적화 등 다양한 목적을 달성할 수 있다.

- 고객 구매 데이터를 분석하여 새로운 상품 카테고리를 도입하거나,

특정 소비층을 타겟으로 한 마케팅 전략을 수립한다.

③ 사물인터넷(IoT)

스마트 기기와 연결된 데이터 수집 및 모니터링 시스템을 통해 실시간 관리 및 최적화를 가능하게 한다. IoT는 효율적인 자원 관리를 지원하며, 사용자 경험을 크게 향상시킨다.
- ○ IoT 기반의 헬스케어 장비를 통해 환자의 건강 상태를 원격으로 모니터링하고 관리하는 서비스. 이는 의료 비용 절감과 접근성 향상에 기여한다.

④ 블록체인

데이터 보안과 투명성을 확보하며, 신뢰 기반의 거래를 지원한다. 공급망 관리와 금융 거래 등 다양한 분야에서 블록체인의 활용 가능성은 무궁무진하다.
- ○ 블록체인 기술을 활용한 공급망 관리 솔루션. 이를 통해 상품의 추적성과 신뢰성을 높여 소비자와 기업 간의 신뢰를 강화.

3) 기술 기반 혁신의 효과

- **운영 효율성 향상**
  자동화 및 데이터 기반 의사 결정을 통해 리소스를 효과적으로 활용하며, 생산성과 비용 절감을 동시에 달성한다.
- **시장 확대**
  기술을 활용한 새로운 서비스와 제품이 기존 시장의 한계를 넘어서게 하며, 글로벌 시장에서도 경쟁력을 발휘할 수 있다.
- **경쟁 우위 확보**
  기술적 차별화를 통해 경쟁력을 강화하고 고객 충성도를 높이며, 지속 가능한 성장의 기반을 마련한다.

4) 시장 타겟팅의 중요성

기술 기반의 창업이 성공하기 위해서는 적절한 시장 타겟팅이 필수적이다. 고객층을 세분화하고, 기술적 혁신이 해당 시장에서 어떻게 가치를 창출할 수 있는지 명확히 이해해야 한다.

5) 시장 타겟팅의 단계

① **시장 세분화**
- 인구통계학적, 지리적, 심리적, 행동적 기준에 따라 고객층을 나눈다. 이를 통해 각 세분화된 시장의 요구와 특성을 이해할 수 있다.
- 1인 가구를 대상으로 한 소형 가전제품 개발. 이러한 제품은 공간 효율성과 편리성을 중시하는 고객에게 적합하다.

② **목표 시장 선정**
- 세분화된 시장 중 가장 높은 성장 가능성과 수익성을 가진 시장을 선정한다. 기술적 혁신이 해당 시장에서 어떻게 경쟁 우위를 제공할 수 있는지 평가한다.
- 고령화 사회를 겨냥한 시니어 헬스케어 서비스. 예를 들어, 고령층의 건강 관리를 지원하는 IoT 기반 헬스케어 디바이스.

③ 포지셔닝
- 고객의 니즈와 경쟁사의 제공 서비스를 분석하여 자사의 기술 기반 제품 및 서비스를 차별화한다. 효과적인 포지셔닝은 브랜드 이미지를 강화하고 시장 점유율을 확대하는 데 도움을 준다.
- 친환경 패키징 솔루션을 제공하여 지속 가능성을 강조하며, 환경에 민감한 소비자층을 공략.

6) 성공적인 시장 타겟팅 전략

- **고객 맞춤화**
  기술을 활용해 개인화된 경험을 제공하며, 고객의 충성도를 높인다. 예를 들어, AI를 활용한 맞춤형 서비스는 고객 만족도를 크게 향상시킨다.
- **빠른 시장 진입**
  기술 혁신의 초기 단계에서 시장에 진입해 경쟁 우위를 선점한다. 조기 진입은 시장 점유율 확대와 브랜드 인지도 강화에 유리하다.
- **지속적인 개선**
  시장 트렌드와 고객 피드백을 반영해 제품과 서비스를 지속적으로 개선한다. 이는 장기적인 고객 관계를 유지하는 데 핵심적인 역할을 한다.

7) 성공 사례: 문제 해결 중심 접근과 기술 기반 혁신의 결합

문제 해결 중심 접근과 기술 기반 혁신은 성공적인 창업의 핵심 전략으로, 다양한 분야에서 그 효과가 입증되고 있다. 아래는 두 전략을 성공적으로 융합하여 시장에서 두각을 나타낸 사례들을 더욱 상세히 살펴본다.

- **리얼티쓰: AI와 IoT로 디지털 치의학을 선도하다**

  리얼티쓰는 AI와 IoT 기술을 활용하여 환자 맞춤형 치과 보철물을 제작하는 솔루션을 개발했다. 이 기술은 기존의 수작업 방식에서 발생하던 높은 불량률과 긴 제작 시간을 혁신적으로 개선했다.

문제 해결	기존 치과 보철물 제작 과정의 비효율성과 높은 비용을 해결. 특히, 치과기공소와 치과 간의 복잡한 작업 과정을 단축하여 환자의 대기 시간을 크게 줄였다.
기술 혁신	AI 기반 3D 설계와 IoT를 통한 품질 검증 시스템을 결합하여 불량률을 1% 이하로 낮춤. 스마트공장을 통해 데이터 기반의 자동화 프로세스를 구축했다.
결과	글로벌 시장에서 신뢰를 구축하며 싱가포르, 미국, 중국 등으로 확장. 2024년까지 5개 이상의 해외 시장에 진출하고, 연 매출 200억 원을 목표로 하고 있다.

- **크래블: 자율주행 농업 로봇으로 지속 가능성을 실현**

  크래블은 농업의 자동화와 효율화를 목표로 자율주행 농업 로봇 OTOA-KIT을 개발했다. 이 기술은 농업 생산성을 극대화하고, 지속 가능한 농업 환경을 조성하는 데 기여했다.

문제 해결	인력 부족과 농업 생산성 저하 문제를 해결. 특히, 고령화된 농업 인구를 지원하며 작업 강도를 줄이고, 농업 현장의 자동화를 촉진.
기술 혁신	RTK 기반 자율주행 시스템과 로봇 팔 등 첨단 기술을 통합. 이 로봇은 정밀 농업을 가능하게 하며, 데이터 분석을 통해 농작물의 성장 상태를 모니터링할 수 있다.
결과	2024 제네바 국제발명전시회 은상 수상 및 인도네시아와 국내 시장에서 500대 판매 목표 설정. 또한, 스마트 농업 솔루션으로 정부와 민간의 여러 프로젝트에 참여.

- **폼이즈: 지속 가능한 건축 솔루션**

  폼이즈는 IoT 기술을 활용하여 친환경 건축 자재와 실시간 콘크리트 측압 모니터링 장치를 개발했다. 이는 건설 현장의 안전성과 효율성을 크게 개선하며, 환경 친화적인 건축 솔루션으로 주목받고 있다.

문제 해결	기존 거푸집의 비효율성과 환경 오염 문제를 해결. 재활용 가능하며 설치 및 해체가 간편한 거푸집을 통해 폐기물을 줄였다.
기술 혁신	IoT 센서를 활용한 실시간 콘크리트 측압 모니터링 시스템을 개발하여 시공 과정의 안전성을 강화.
결과	국내 주요 건설 현장에서 채택되었으며, 해외 수출 계약을 통해 글로벌 시장 진출을 모색 중.

- **에그풀: 보상형 광고 기반 테이블 오더 서비스**

  에그풀은 보상형 광고를 기반으로 한 테이블 오더 서비스를 제공하며, 외식업계의 새로운 수익 모델을 제시했다. 이 플랫폼은 광고 참여를 통해 고객에게 혜택을 제공하면서도, 외식업체에 추가 수익을 창출하는 구조를 갖추고 있다.

문제 해결	외식업체의 수익성 악화와 고객 유입 감소 문제를 해결. 특히, 광고 수익을 통해 추가적인 수익 창출이 가능하도록 지원.
기술 혁신	IoT 기반 테이블 오더 시스템과 보상형 광고 모델을 결합하여 고객 참여도를 높이고, 매장 운영의 효율성을 강화.
결과	2024년까지 2,750대의 테이블 오더 기기를 설치하며 월 3,300만 원의 매출을 달성. 향후 글로벌 시장 진출을 목표로 다양한 외식업체와 협업 확대 중.

이들 사례는 단순히 기술 혁신에 그치지 않고, 현재 산업 트렌드와 밀

접하게 연계되어 있다. 지속 가능성, 디지털 전환, 맞춤형 서비스 등은 각 사례의 주요 성공 요인이었다.

- **지속 가능성**

  폼이즈와 크래블은 지속 가능성을 제품 개발의 핵심으로 삼아 시장에서 차별화된 가치를 제공했다.

- **디지털 전환**

  리얼티쓰와 에그풀은 디지털 기술을 활용해 기존의 비효율성을 제거하고, 맞춤형 서비스를 통해 소비자 만족도를 극대화했다.

창업자는 이러한 사례를 참고하여 기술과 시장의 요구를 융합하는 전략을 도출할 수 있다. 또한, 문제 해결 중심의 접근이 고객과 시장의 신뢰를 형성하는 데 중요한 역할을 한다는 점을 확인할 수 있다.

- **적용 아이디어**

  ○ IoT 기반의 농업 자동화 솔루션 개발.

  ○ 보상형 광고 모델을 활용한 다양한 서비스 플랫폼 개발.

  ○ 지속 가능성을 강조한 친환경 제품 라인업 확대.

추가 TIP

① 데이터 기반 의사 결정의 중요성

  ○ 에그풀과 같은 사례는 실시간 데이터를 활용한 개인화 서비스를 통해 경쟁 우위를 확보할 수 있음을 보여 준다. 데이터를 기반으로

고객의 니즈를 분석하고 이를 반영한 맞춤형 솔루션 제공이 핵심이다.

② 글로벌 시장 진출 전략
  ○ 리얼티쓰와 폼이즈는 각각의 제품을 글로벌 시장에 진출시키는 데 성공했으며, 이는 기술적 우위를 바탕으로 현지화 전략을 효과적으로 실행한 결과다. 글로벌 확장 시에는 현지 법률과 규제에 대한 이해와 현지 네트워크 구축이 중요하다.

③ 산업 트렌드와의 적합성
  ○ 크래블과 폼이즈의 사례는 지속 가능성이라는 트렌드를 효과적으로 제품에 반영하여 차별화에 성공한 예다. 창업자는 자신이 속한 산업의 트렌드를 깊이 이해하고 이를 사업 아이템에 통합할 수 있어야 한다.

이들 사례는 문제 해결 중심 접근과 기술 기반 혁신이 어떻게 창업의 성공을 견인할 수 있는지를 명확히 보여 준다. 문제를 명확히 정의하고 이를 해결하기 위한 기술적 솔루션을 제시하는 동시에, 고객의 니즈를 충족시키는 맞춤형 전략을 실행함으로써 이들은 각각의 산업에서 두각을 나타낼 수 있었다. 창업자는 이러한 사례를 참고하여 자신의 비즈니스에 적용할 수 있는 구체적인 아이디어와 전략을 도출할 수 있을 것이다. 또한, 기술과 문제 해결의 융합이 새로운 시장을 창출하고 기존 시장에서의 경쟁력을 강화할 수 있는 방법임을 확인할 수 있다.

2장

청년창업사관학교 안내

청년창업사관학교
합격노트

2-1

청년창업사관학교 개요 및 지원 절차

청년창업사관학교는 대한민국의 청년 창업가들이 창업 초기 단계에서 성공적인 비즈니스 성장을 이룰 수 있도록 체계적인 지원을 제공하는 국가 주도의 프로그램이다. 해당 장은 본교인 안산을 기준으로 작성된 것으로, 지원을 제외한 교육, 멘토링 등은 지역마다 차이가 있을 수 있다.

1) 지원 자격

3. 신청자격 (공고일 : 1월 23일 기준)

○ '신청제외 대상 및 지원제외 대상 업종'에 해당되지 않는 자(기업)
  * (참고 3) 신청제외 대상, (참고 4) 지원제외 대상 업종

○ 39세 이하, 창업 후 3년 이내 대표자
  * 신청자격 기준일(공고일 기준 창업 3년 이내 기업) : 2022년 1월 23일 이후 창업기업(1.23일 포함)
  * 대표자 생년월일 관련 기준일 : 1985년 1월 24일 이후 출생자(1.24일 출생자 포함)

청년창업사관학교는 다음과 같은 조건을 충족해야 신청할 수 있다.
- **연령 제한:** 만 39세 이하의 청년.
- **창업 연한:** 사업자등록증 기준으로 창업 후 3년 이내의 기업.

- **사업 분야:** 모든 창업 분야가 지원 가능하나, 제조업 및 기술 기반 창업이 우대된다.
- **참여 지역:** 지원자는 프로그램이 운영되는 지역 내에 사업장을 두고 있어야 한다.

2) 모집 구분

청년창업사관학교는 창업자의 특성과 사업 목표에 따라 세 가지 유형으로 모집을 구분한다.

① 글로벌형

- 신산업, 초격차, 뷰티 등 수출 유망 분야의 글로벌 진출을 준비 중인 창업자를 선정(정원의 30% 내외).
- 글로벌 진출 준비 패키지 프로그램 제공
- **주요 내용:** 글로벌 대기업 협업 프로그램(기술교육, 멘토링), 글로벌 마케팅 및 네트워킹, 해외 현지 IR 등

② 지역특화형

- 지역주력산업 분야를 영위하는 창업자를 중심으로 지역주력산업 맞춤형 특화 교육·멘토링, 앵커기업 교류 등 프로그램 제공
- 지역주력산업 및 제조 융·복합 분야 50% 이상 선발.

③ 투자형

- 직접 투자 기능이 있는 민간 액셀러레이터(AC)에 입교생 선발권을

부여하여 후속 투자까지 책임 보유.

- **중점 모집 분야**
- ○ 초격차 및 신산업 분야 또는 청년창업사관학교 소재 지역 주력 산업 분야.
- ○ 예: 뷰티 분야(스킨케어, 메이크업, 헤어/바디 등) 및 실험실 창업기업.
- ○ 공공연구기관, 국공립 대학교의 연구 성과를 활용한 창업도 포함.

② **모집구분** (기본 신청요건 : 창업(참고 1 기준) 후 3년 이내 창업기업 대표자)

구분	주요내용
글로벌형	· 신산업·초격차·뷰티 등 수출유망 분야에서 글로벌 진출을 준비 중인 창업자를 선정(정원의 30% 내외)하여 글로벌 진출 준비 프로그램* 제공 　* 주요내용 : 글로벌 대기업 협업 프로그램(기술교육, 멘토링), 글로벌 마케팅 및 네트워킹, 해외 현지 IR 등
지역특화형	· 지역주력산업 분야를 영위하는 창업자를 중심으로 지역주력산업 맞춤형 특화 교육·멘토링, 앵커기업 교류 등 프로그램 제공 　* 지역주력산업 및 제조용·복합 분야 50% 이상 선발
투자형	· 직접투자 기능이 있는 민간 액셀러레이터(AC)에 입교생 선발권 등의 자율적 운영권한을 부여하고, 후속투자까지 책임보육하는 운영방식

■ **(중점 모집분야)** 초격차·신산업 분야 또는 해당 청년창업사관학교 소재의 지역주력 산업 분야, 뷰티분야(스킨케어, 메이크업, 헤어/바디 등) 및 실험실 창업기업* 등
　* 공공연구기관 소속 연구원 또는 국·공립·사립 대학의 교원, 대학원생 등이 소속 기관·대학에서 개발이 완료된 기술이나 연구경험 분야를 활용하여 창업한 기업

3) 지원 절차

① 온라인 신청 및 서류 제출

- ○ 공식 홈페이지를 통해 신청서를 작성하고 요구되는 서류를 온라인으로 제출한다.
- ○ 필수 서류.
  - - 2025년 창업성공패키지 지원사업 신청서 1부.
  - - 서류심사 면제 및 가점사항 증빙서류(해당 시).

- 개인 및 기업(신용)정보 수집·이용·제공·조회 동의서 각 1부.
○ 증빙 서류.
- 창업 성공패키지 지원사업 신청 관련 기타 증빙자료 각 1부.
- 기창업: 창업기업확인서, 사업자등록증명원, 법인등기사항전부증명서(법인).
- 예비 창업자: 사실증명(총사업자등록내역), 주민등록등본.
- 건강보험자격득실 확인서(대표자).

② **자격 검토 및 서류 심사**
○ 제출된 서류를 바탕으로 창업 아이템의 독창성, 시장 잠재력, 기술 수준 및 실행 가능성을 심사한다.
○ 심사 기간: 2025년 2월 13일부터 2월 27일까지 진행.
○ 서류 심사 결과 발표: 2025년 2월 28일
○ 심사 결과는 신청자에게 이메일 및 온라인 시스템을 통해 통보된다.

③ **발표 심사**
○ 1차 심사를 통과한 지원자를 대상으로 발표 심사가 진행된다.
○ 발표 심사 일정: 2025년 3월 4일부터 3월 13일까지.

④ **최종 결과 발표**
○ 서류와 발표 심사 결과를 종합적으로 평가하여 최종 합격자를 선정한다.
○ 최종 발표: 2025년 3월 14일 예정.

⑤ 협약 체결 및 프로그램 입교

○ 협약 체결: 2025년 3월 17일부터 3월 24일까지.

○ 입교 및 프로그램 진행: 2025년 3월 26일부터 본격적으로 프로그램이 시작된다.

4) 지원 일정

① 신청기간 : 2025. 1. 23(목) ~ 2. 12(수) 16:00까지

② 세부일정

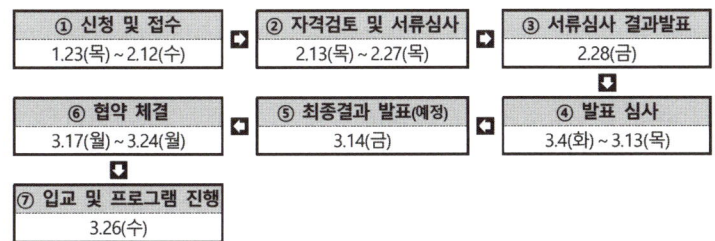

※ 상기 일정은 변경될 수 있으며, 변경될 경우 별도 안내 예정

- 자격검토는 상시 진행(중진공)하며, 입교 이후에도 결격사유 확인 시 입교 취소 예정
- 서류, 발표심사(PT) 합격자 발표, 오리엔테이션 일정 등 세부사항은 중소벤처기업진흥공단 청년창업사관학교 홈페이지(https://start.kosmes.or.kr)와 K-스타트업 홈페이지(www.k-startup.go.kr)를 통하여 공지 예정(세부사항은 신청 사관학교에 별도 문의)

③ 신청방법 : K-스타트업 홈페이지(www.k-startup.go.kr)에서 온라인 접수

5) 지원 혜택

청년창업사관학교는 창업 초기 단계의 어려움을 해결하고 지속 가능한 성장을 지원하기 위해 다양한 혜택을 제공한다.

① **창업 자금 지원**
- 최대 1억 원의 무상 지원금 제공.
- 자금은 기술개발, 시제품 제작비, 기술정보 활동비, 지식재산권 취득비, 판로 및 마케팅비 등으로 사용할 수 있다.

② **전문가 멘토링 및 컨설팅**
- 분야별 전문가들이 멘토로 배정되어 맞춤형 코칭을 제공.
- 멘토링 과정에서 사업 모델 고도화 및 운영 효율화 전략 제시.

③ **사업 공간 및 인프라 지원**
- 창업 초기 부담을 줄이기 위해 코워킹 스페이스, 제작 시설, 테스트 랩 등 다양한 인프라를 제공.
- **지원 시설.**
    - 3D 프린터 및 시제품 제작 장비.
    - 공유 오피스 및 회의실

④ **글로벌 진출 기회**
- 해외 진출을 위한 프로그램 및 국제 박람회 참여 지원.
- 글로벌 네트워크를 활용한 시장 분석 및 현지화 전략 컨설팅 제공.

6) 프로그램의 효과와 기대

청년창업사관학교는 창업가들이 초기의 시행착오를 최소화하고, 안정적으로 비즈니스를 확장할 수 있도록 돕는 데 초점을 맞추고 있다. 이

프로그램을 통해 참가자들은 혁신적인 아이디어를 실현하고, 장기적으로 국내 및 글로벌 시장에서 경쟁력을 갖춘 기업으로 성장할 수 있는 기반을 마련할 수 있다. 청년 창업가들에게 이 기회는 단순한 지원을 넘어 성공의 발판을 제공하는 종합적인 솔루션이다.

2-2
교육 및 멘토링 프로그램

단계별 커리큘럼 및 실무 중심 멘토링

1) 단계별 커리큘럼

청년창업사관학교의 교육 프로그램은 창업자의 역량 강화를 목표로 설계된 체계적이고 실질적인 과정으로 구성된다. 해당 커리큘럼은 창업 초기 단계부터 사업 확장까지 모든 과정을 포괄하며, 다음과 같은 세부 단계로 진행된다.

① **창업 역량 강화**
- 창업자가 기본적인 창업 지식을 학습하고, 아이디어를 구체화할 수 있도록 돕는 단계이다.
- 주요 내용:
  - 시장 조사 방법론: 목표 시장의 특성과 경쟁 상황 분석.
  - 사업 계획서 작성 기초: 사업 아이템을 효과적으로 전달하는 문서 작성.
  - 창업 아이템 발굴: 문제 해결 중심 접근법과 혁신적인 아이디어

개발.

② 제품 및 서비스 개발
- ○ 창업 아이템을 구체화하고, 프로토타입 제작 및 검증을 통해 시장 적합성을 확인하는 단계이다.
- ○ 주요 내용:
  - 시제품 개발: 창의적인 설계와 비용 효율적인 제작 과정 학습.
  - 고객 피드백 수집: 소비자 테스트 및 만족도 조사.
  - 아이템 개선 방안: 초기 피드백을 반영한 기능 및 디자인 수정.

③ 사업 모델 구체화
- ○ 사업의 지속 가능성을 점검하고, 투자 유치와 시장 확장을 준비하는 단계이다.
- ○ 주요 내용:
  - 비즈니스 모델 설계: 수익 구조와 핵심 자원 분석.
  - 재무 구조 분석: 예산 관리와 수익성 극대화.
  - 투자 제안서 작성: 효과적인 프레젠테이션과 투자자 설득 기술.

2) 실무 중심 멘토링

멘토링 프로그램은 창업자가 직면하는 실제 문제를 해결하고, 사업을 성공적으로 이끌 수 있도록 돕는 데 초점을 맞춘다. 이 과정은 전문가의 조언과 단계별 피드백을 통해 진행된다.

① 전문가 멘토링
- 창업자의 필요에 맞는 전문가와 매칭하여, 기술적 및 전략적 조언을 제공한다.
- 주요 내용:
    - 기술 개발: 기술적 한계 극복과 혁신적 솔루션 제시.
    - 시장 진출 전략: 글로벌 진출 방안 및 현지화 전략 수립.
    - 운영 효율화: 비용 절감과 생산성 향상 방법.

② 경험 공유 및 사례 분석
- 성공과 실패 사례를 바탕으로 참가자가 실질적인 교훈을 얻도록 돕는다.
- 주요 내용:
    - 성공 사례: 효과적인 전략과 실행 사례 공유.
    - 실패 사례: 문제의 원인 분석 및 예방 방안 도출.
    - 교훈 도출: 참가자가 직접 적용 가능한 실무적 조언 제공.

③ 단계별 피드백 제공
- 사업 진행 상황을 주기적으로 점검하고, 목표 달성을 위한 개선점을 제시한다.
- 주요 내용:
    - 중간 점검: 사업 성과와 계획 대비 진행 상황 분석.
    - 목표 달성 평가: 정량적 데이터와 정성적 피드백 기반 평가.
    - 추가 지원 방안 제시: 필요한 자원 및 네트워크 연결.

청년창업사관학교의 교육 및 멘토링 프로그램은 창업자가 사업 초기부터 확장 단계까지 체계적으로 지원받을 수 있도록 설계되어 있다. 모든 과정은 실질적인 문제 해결과 지속 가능한 성장을 목표로 구성되며, 참가자들이 창업 환경의 변화에 유연하게 대응할 수 있는 역량을 갖추도록 돕는다. 이 프로그램을 통해 창업자는 자신의 사업을 성공적으로 발전시키는 데 필요한 도구와 자원을 효과적으로 활용할 수 있다.

2-3

우수 졸업생 혜택 및 네트워킹

1) 우수 졸업생 혜택

　청년창업사관학교의 졸업생들은 창업 성공의 기반을 더욱 확장할 수 있도록 다양한 혜택을 제공받는다. 특히, 우수 졸업생으로 선정된 기업은 지속 가능한 성장을 지원받을 수 있는 추가적인 기회를 부여받는다.

① 후속 자금 지원

　ㅇ 졸업 이후 사업 확장을 위한 후속 자금 지원 프로그램이 제공된다. 이를 통해 글로벌 시장 진출이나 신규 제품 개발에 필요한 자금을 집중 지원받을 수 있다.

② 추가 성장 지원

　ㅇ 기술 고도화와 시장 진출을 위해 정부 지원 기관과 협력하여 지속적인 후속 지원을 받는다.

2) 해외 진출 지원

　우수 졸업생 기업 중 글로벌 시장 진출을 목표로 하는 경우, 청년창업사관학교는 다양한 방식으로 해외 진출을 체계적으로 돕는다.

① **해외 박람회 및 전시회 참가 지원**
- 주요 국제 전시회와 박람회에 참가할 수 있도록 지원하며, 부스 설치 및 운영에 필요한 부분을 보조한다.
- 참가 기업이 해외 바이어와의 직접적인 비즈니스 기회를 창출할 수 있도록 연결한다.

② **현지화 컨설팅**
- 해외 시장에서의 성공적인 진출을 위해 지역별 소비자 선호도 분석과 경쟁사 조사를 지원한다.
- 현지 법률 및 규제 관련 자문을 제공하여 안정적인 시장 진입을 도모한다.
- **구체적 지원 항목.**
  - CE 인증 절차 자문.
  - 현지 마케팅 전략 수립 컨설팅.

③ **수출 지원 프로그램**
- 수출과 관련된 물류, 법률, 번역 등 실질적인 지원을 통해 해외 거래의 효율성을 높인다.

3) 네트워킹 프로그램

청년창업사관학교는 졸업생 간의 지속적인 교류와 협력을 통해 창업

생태계 내에서의 유대감을 강화하고, 실질적인 협업 기회를 창출하기 위해 다양한 네트워킹 프로그램을 운영한다.

① **정기 네트워크 행사**
- 졸업생과 현재 입교생, 투자자, 전문가가 참여하는 정기 네트워크 행사를 개최한다.
- 성공 사례 발표와 업계 최신 동향 공유를 통해 협업 가능성을 모색한다.
- **성과 지표:** 네트워크 행사를 통해 연간 15건 이상의 협력 프로젝트 발굴.

② **산학연 협력 네트워크**
- 대학 및 연구기관과의 협력을 통해 기술 개발과 연구를 지속적으로 지원한다.
- 공동 프로젝트 및 연구 과제 참여 기회를 제공한다.

청년창업사관학교는 우수 졸업생들이 국내외에서 경쟁력을 갖추고 지속 가능한 성장을 이룰 수 있도록 다양한 지원과 기회를 제공한다. 졸업생들은 이를 통해 창업 생태계 내에서 성공적인 기업가로 자리 잡고, 글로벌 무대에서의 성과를 확장해 나갈 수 있다.

3장

실전 사업계획서 작성 가이드

청년창업사관학교
합격노트

3-1

사업 아이템 선정 및 차별화 전략

창업 아이템 선정 기준 및 평가 요소

성공적인 사업계획서는 탄탄한 창업 아이템에서 시작된다. 창업 아이템을 선정할 때는 다음과 같은 기준과 평가 요소를 고려해야 한다. 이 과정은 단순히 창의적인 아이디어 발굴에 그치지 않고, 시장성과 실행 가능성을 면밀히 평가하는 종합적인 접근이 요구된다.

1) 창업 아이템 선정 기준
① 시장 수요

창업 아이템은 대상 시장의 크기와 성장 가능성을 기준으로 평가된다. 예를 들어, 글로벌 IoT 시장은 연평균 15%의 성장률을 기록하며, 2026년까지 약 1조 1천억 달러 규모로 확대될 것으로 예상된다. 이러한 데이터를 기반으로 시장의 크기와 성장 잠재력을 객관적으로 분석하고, 이를 창업 아이템의 경쟁력 평가에 반영할 수 있다. 특히, 제품이나 서비스가 해결하려는 문제와 시장의 니즈를 구체적으로 파악해야 한다. 이 과정에서 고객이 직면한 문제와 이를 해결하려는 기존 대안의 한계를 명확히 이해하는 것이 중요하다.

- 주요 질문
  - 고객이 직면한 문제는 무엇인가?
  - 해당 문제를 해결하려는 기존 대안의 한계는 무엇인가?
- **예시:** 고령화 사회에서 시니어 헬스케어 제품에 대한 수요는 증가하고 있으나, 사용 편의성과 비용 면에서 개선된 제품은 부족하다.

② 혁신성

창업 아이템이 기존 시장에 없는 새로운 아이디어인지, 혹은 기존 제품의 개선을 통해 혁신을 이루었는지 여부는 핵심 평가 요소이다. 이러한 차별성은 기술적 개선과 독창성을 기반으로 시장에서의 경쟁 우위를 확보할 수 있는 중요한 요소이다. 아이템이 기술적 차별성과 독창성을 통해 경쟁력을 확보할 수 있는지를 검토한다. 혁신은 기술, 운영, 환경적 관점에서 각각 다르게 정의될 수 있다.

- 혁신의 범위.
  - 기술적: 기존 기술을 대체하거나 획기적으로 개선.
  - 운영적: 기존 서비스 제공 방식을 혁신.
  - 환경적: 지속 가능성을 포함한 새로운 접근

③ 실현 가능성

아이템의 실현 가능성은 기술, 인력, 자본 등의 측면에서 평가된다. 예를 들어, 크래블의 자율주행 농업 로봇 OTOA-KIT 개발은 RTK 기반 기술과 정밀 데이터 분석을 활용해 기존 농업 자동화 솔루션보다 높은 효율성을 입증했다. 이를 통해 크래블은 인도네시아 시장에서 500대 판매 목표를 설정하며, 초기 진입 단계에서 높은 신뢰를 얻었다. 이러한 사례는 기술적 실행 가능성과 시장 적합성을 동시에 입증한 성공적인 예이다. 필요한 자원이 충분히 준비되어 있는지, 그리고 이를 통해 실질적으로 시장에 진입할 수 있는지를 판단한다. 이를 통해 리스크를 최소화하고 안정적인 사업 기반을 마련할 수 있다.

○ 고려 항목.
- 필요한 기술의 복잡성.
- 시장 진입을 위한 자본 규모.
- 프로젝트 실행 인력의 전문성.

④ 수익성

창업 아이템은 장기적으로 안정적인 수익 구조를 갖출 수 있어야 한다. 예상 매출, 판매 가격, 시장 점유율 등을 통해 현실적인 수익성을 평가하며, 초기 투자 회수 기간과 ROI(Return on Investment)도 계산해야 한다.

○ 예시 계산.
- 생산 비용 대비 판매 가격 산출.
- 초기 투자 회수 기간과 ROI(Return on Investment) 예측.

⑤ 사회적 가치

창업 아이템은 환경 보호와 사회적 책임을 포함한 지속 가능성을 고려해야 한다. 이는 ESG(환경, 사회, 지배구조) 요소를 충족할 수 있는지를 평가하는 과정이다. 예를 들어, 친환경 소재 활용 여부나 공정 무역과 같은 사회적 책임을 강조하는 구조를 포함할 수 있다.

> ○ ESG(환경, 사회, 지배구조) 요소.
> - 친환경 소재 활용 여부.
> - 공정 무역과 사회적 책임을 강조하는 구조.

창업 아이템의 선정은 시장의 요구와 트렌드에 부합하고, 실현 가능성과 혁신성을 갖춘 아이템을 발굴하는 데 초점이 맞춰져야 한다. 이를 통해 창업자는 성공적인 사업 기회를 극대화하고 차별화된 경쟁력을 확보할 수 있다.

2) 평가 요소

창업 아이템의 성공 가능성을 평가하기 위해 시장 분석과 차별화 전략, 지속 가능성을 중심으로 검토해야 한다. 이러한 평가 요소는 사업의 현실성과 경쟁력을 동시에 확보하는 데 필수적이다.

① 시장 분석

시장 분석은 대상 고객층의 규모와 특성을 평가하여 창업 아이템의 적합성을 검토하는 데 필수적이다. 이를 위해 고객 연령대별 구매 패턴, 지역별 소비 성향, 그리고 시장 점유율 데이터와 같은 구체적인 데이터 항목을 분석해야 한다. 예를 들어, 2023년 국내 웰니스 산업은 연평균 8% 성장하며, 주요 소비층은 30~50대 여성으로 분석되었다. 이러한 데이터는 창업 아이템의 타겟층 설정과 마케팅 전략 수립에 중요한 참고 자료로 활용된다. 또한, 경쟁 시장 환경을 분석하고 주요 경쟁자의 강점과 약점을 심층적으로 파악해야 한다. 이를 위해 STP 분석과 포터의 5 Forces와 같은 도구를 활용할 수 있다.

- 예시.
  - 포터의 5 Forces를 활용하여 신규 진입 장벽(기술 인증 절차)과 공급자의 협상력을 분석.
  - STP 분석을 통해 주요 타겟 고객군 정의.

② 제품 및 서비스의 차별화 전략

창업 아이템의 차별성은 경쟁 제품과의 비교를 통해 도출된다. 기술적, 디자인적, 또는 가격적 차별성을 명확히 정의하고, 소비자가 느낄 수 있는 가치를 강조해야 한다.

- 차별화 전략.
  - 기능적 차별화: 독특한 성능과 품질.
  - 감성적 차별화: 브랜드 이미지와 소비자 경험 강화.

③ 비즈니스 모델의 지속 가능성

창업 아이템의 지속 가능성을 보장하기 위해 수익 구조와 고객 확보 전략을 검토한다. 파트너십과 협력 네트워크를 활용하여 장기적인 확장성을 확보하는 것도 중요하다.
- ㅇ 예시.
  - 정기 구독 모델로 안정적인 매출 창출.
  - 협력 업체와의 공동 프로모션 활용.

④ **리스크 분석 및 대응 방안**

기술적, 시장적, 운영적 리스크를 사전에 식별하고, 이를 완화할 수 있는 계획을 마련한다. 주요 리스크로는 법률적 규제 문제와 기술 개발 지연 등이 있으며, 예비 자본 확보와 성공 사례 분석 등을 통해 대응 방안을 마련해야 한다.
- ㅇ 주요 리스크.
  - 법률적 규제 문제: 허가 및 인증 절차.
  - 기술 개발 지연: 예상 외의 개발 비용 증가.
- ㅇ 대응 방안.
  - 예비 자본 확보.
  - 유사 상황에서 성공한 사례 분석 및 적용.

3) 창업 아이템 선정 시 참고 자료

① **시장 조사 보고서**

창업 아이템의 시장성을 검토하기 위해 시장 규모, 성장률, 그리고 소비자 트렌드 데이터를 분석한다. 이를 통해 아이템이 목표 시장에서 얼마나 수용 가능성이 높은지를 판단할 수 있다.

② 경쟁 분석 도구

STP(Segmentation, Targeting, Positioning) 분석과 포터의 5 Forces 분석을 활용하여 시장 내 경쟁 환경을 평가한다. 예를 들어, STP 분석을 통해 주요 타겟 고객군을 정의하고, 해당 고객군의 특성에 맞는 포지셔닝 전략을 설계한다. 또한, 포터의 5 Forces 분석을 통해 공급자의 협상력, 신규 진입 장벽, 대체재의 위협, 구매자의 협상력을 평가하여 경쟁 강도를 구체적으로 파악할 수 있다. 이를 기반으로 자사의 경쟁 우위를 강화할 전략을 수립할 수 있다. 경쟁사의 강점과 약점을 파악하여 차별화된 포지셔닝 전략을 수립한다.

③ 고객 인터뷰 및 설문조사

잠재 고객과의 인터뷰 및 설문조사를 통해 그들의 니즈와 불편함을 직접적으로 확인한다. 이를 바탕으로 개발 방향을 설정하고, 고객 맞춤형 솔루션을 제안할 수 있다.

④ 창업 지원 프로그램

정부와 민간에서 제공하는 창업 지원 정책과 자금 조달 기회를 활용한다. 예비 창업자를 위한 보조금, 멘토링, 교육 프로그램 등을 통해 초기 부담을 줄일 수 있다.

⑤ 성공 사례 연구

유사 산업에서 성공한 창업 사례를 분석하여 벤치마킹한다. 이 과정에서 성공 요인과 차별화 전략을 도출하여 자사 아이템에 적용할 수 있는 인사이트를 얻는다.

창업 아이템 선정은 사업계획서 작성의 핵심 단계로, 명확한 기준과 평가 요소를 바탕으로 실행 가능성이 높은 아이템을 발굴하는 것이 중요하다. 창업자는 이러한 요소를 면밀히 검토하여 사업 성공의 토대를 마련해야 하며, 이를 통해 차별화된 경쟁력을 확보할 수 있다. 또한, 지속적으로 시장 환경을 모니터링하고 새로운 기회를 탐색하는 태도가 필요하다.

시장의 요구와 트렌드 반영 방법

1) 시장 조사 및 분석

시장 조사는 창업 아이템의 방향성을 결정하는 데 가장 중요한 첫 단계이다. 데이터 기반 분석을 통해 소비자 행동, 니즈, 구매 패턴을 면밀히 파악한다. 설문조사, 정부 발표 통계, 시장 조사 보고서 등의 다양한 데이터 소스를 활용하여 소비자가 느끼는 불편함이나 해결되지 않은 문제를 발견하고, 이를 기반으로 혁신적인 창업 아이템을 설계해야 한다.

- **핵심 질문.**
  - 소비자는 어떤 문제를 직면하고 있는가?
  - 현재 제공되는 제품이나 서비스가 이 문제를 얼마나 효과적으로 해결하고 있는가?
  - 새로운 접근 방식을 통해 어떤 가치를 창출할 수 있는가?

- **구체적 데이터 추가.**
  - "IoT 웨어러블 시장은 연평균 12% 성장하며, 2026년까지 50억 달러 규모에 이를 것으로 예상됨."

2) 고객 세분화

고객 세분화는 창업 아이템이 특정 고객군에 더 나은 가치를 제공할 수 있도록 돕는다. 인구통계학적(나이, 성별, 소득), 지리적(지역, 도시), 행동적(구매 패턴, 브랜드 충성도) 기준으로 고객을 그룹화한다. 이를 통해 세분화된 고객 그룹의 고유한 니즈를 이해하고, 맞춤형 제품이나 서비스를 설계할 수 있다.

- **세분화 전략.**
  - 데이터 기반으로 고객 행동을 분석하여 구매 패턴과 선호도를 식별.
  - 세분화된 그룹별 니즈에 맞춘 마케팅 메시지와 브랜딩 설계.
- **예시.**
  - 1인 가구를 위한 소형 가전제품.
  - 친환경 제품을 선호하는 소비자를 대상으로 한 생분해성 포장재.

3) 트렌드 분석

사회적, 기술적 트렌드를 반영한 창업 아이템은 경쟁력을 확보할 수 있다. 현재의 트렌드를 이해하고 이를 아이템에 적용하려면 기술 트렌드(AI, IoT, 지속 가능성)와 사회 트렌드(구독 경제, 개인화된 경험 선호, 친환경 제품 선호도 증가)를 분석해야 한다.

- **트렌드 분석 방법.**
  - 기술 보고서와 업계 동향 자료를 검토.
  - 트렌드가 시장 성장에 미치는 영향을 평가.
  - 성공적으로 트렌드를 적용한 사례를 벤치마킹.
- **결과 활용.**
  - 소비자 니즈와 트렌드를 연결하는 새로운 제품 설계.
  - 트렌드 변화에 맞춰 빠르게 피벗 가능한 유연한 비즈니스 모델 도입.

4) 소비자 피드백 수집

 소비자 피드백은 제품 또는 서비스 개발 과정에서 매우 중요한 역할을 한다. 초기 프로토타입을 통해 실질적인 피드백을 수집하면, 고객의 실제 니즈에 맞춘 제품 개선이 가능하다. 고객 인터뷰, 베타 테스트, 소셜 미디어 설문과 같은 다양한 방법을 활용해 피드백을 수집한다.

- **활용 사례.**
  - 베타 테스트에서 나온 개선점을 반영하여 제품 완성도를 높임.
  - 고객 인터뷰를 통해 디자인과 사용 편의성을 개선.

5) 글로벌 트렌드 조사

 글로벌 시장에서의 성공적인 트렌드는 창업 아이템의 중요한 영감이 될 수 있다. 특히, 해외에서 성공한 트렌드를 국내에 현지화하여 도입하면 초기 진입 장벽을 낮출 수 있다. 글로벌 보고서(Statista, Gartner 등)를 참고하고, 성공적인 해외 사례를 분석해 창업 아이템에 적합한 요소를 선택한다.

- **조사 항목.**
  - 해외 시장의 소비자 행동 변화.
  - 새로운 기술 채택률.
  - 성공적인 비즈니스 모델.
- **예시.**
  - AI 기반 구독형 헬스케어 플랫폼이 해외에서 성공한 사례를 벤치마킹하여 국내화.

6) 트렌드 적용을 위한 아이디어 도출

기존 트렌드와 창업 아이템 간의 연결점을 찾아내는 과정은 창업의 차별화를 강화하는 데 필수적이다. 이를 통해 기존 아이템에 새로운 트렌드를 접목하거나, 트렌드에 맞는 새로운 아이템을 도출할 수 있다.

- **적용 전략.**
  - 소비자 트렌드와 기술 트렌드를 융합한 제품 설계.
  - 기존 제품에 지속 가능성이나 개인화를 강조하는 추가 요소 포함.
- **예시.**
  - 지속 가능성을 강조하는 친환경 포장재를 기존 제품에 적용.
  - 데이터 분석을 통해 맞춤형 구독 서비스 제공.

7) 데이터 기반 의사 결정

데이터는 트렌드를 반영한 창업 아이템의 성공 가능성을 높이는 데 필수적이다. 소비자 관심 증가율, 트렌드 성장률 등 정량적 데이터를 분석해 시장 진입 시점과 최적의 전략을 결정한다.

- **데이터 활용 사례.**
  - 트렌드별 소비자 검색량 데이터를 기반으로 마케팅 시점 조율.
  - 경쟁 시장 데이터 분석을 통해 가격 정책 수립.

8) 트렌드 적합성 평가

창업 아이템이 현재의 트렌드와 적합한지 검토하는 것은 필수적이다. 이를 위해 소비자 니즈 충족 여부, 기존 제품 대비 차별성, 시장 성장 가능성을 평가한다. 이러한 평가는 아이템의 경쟁력을 확보하고 시장 진입 성공률을 높이는 데 기여한다.

- **검토 기준.**
  - 트렌드와의 일치도.
  - 소비자 선호와의 연계성.
  - 시장 성장 가능성과 매출 기대치.
  - **예시:** ESG 요소를 적용한 아이템으로 2년 내 고객 유지율 80% 달성 목표.

시장과 트렌드를 반영한 창업 아이템은 소비자의 니즈를 효과적으로 해결하며, 경쟁에서 우위를 점할 수 있다. 창업자는 시장의 흐름과 트렌드를 지속적으로 모니터링하고, 변화에 민첩하게 대응하는 자세를 갖추는 것이 중요하다. 이를 통해 창업 아이템은 지속 가능한 성장을 이루고 장기적인 성공을 보장할 수 있다.

경쟁사와의 차별화 전략 수립 방법

1) 경쟁사 분석의 중요성

경쟁사와의 차별화 전략을 수립하려면 먼저 시장에서의 경쟁 구도를 명확히 이해해야 한다. 경쟁사의 강점과 약점을 분석하면 자사 제품의 차별화 포인트를 도출하고, 시장에서 경쟁 우위를 확보할 수 있다. 이를 위해 효과적인 경쟁사 분석과 데이터 활용이 필수적이다.

2) 차별화 전략 수립 단계

(1) 경쟁사 분석
① 경쟁사 파악

경쟁사를 식별하는 것은 차별화 전략 수립의 첫 단계이다. 시장에서 직접적인 경쟁자뿐만 아니라 대체 상품을 제공하는 잠재 경쟁자까지 포함하여 분석해야 한다. 이를 통해 시장 내 주요 경쟁 요소와 틈새 기회를 발견할 수 있다. 또한 경쟁사의 주요 전략과 시장 접근 방식을 이해하는 것이 중요하다.

> ○ **주요 정보.**
> - 제품/서비스: 경쟁사의 주력 제품과 서비스 범위.
> - 시장 점유율: 경쟁사가 차지하는 시장 크기와 성장세.
> - 가격 정책: 가격 전략과 할인 정책.
> - 마케팅 전략: 주요 홍보 채널과 메시지.
> - 기술력: 혁신적인 기술 적용 여부 및 독창성.

○ 경쟁사 비교 표:

항목	경쟁사 A	경쟁사 B	자사
기술력	데이터 처리 속도 90%	배터리 수명 개선 미흡	고속 데이터 처리, 배터리 최적화
고객 지원	제한적 지원	애프터서비스 미흡	24시간 고객 지원 및 애프터서비스
가격 정책	프리미엄 가격 정책	저렴하지만 품질 저하	합리적 가격, 고품질 제공

② 경쟁사 강점 및 약점 분석

경쟁사의 강점은 기술력, 브랜드 영향력, 시장 진입 속도 등에서 나타나며, 약점은 소비자 불만, 기술적 한계, 운영 비효율성에서 드러난다. 이러한 정보를 기반으로 자사가 차별화할 수 있는 요소를 도출해야 한다. 강점과 약점은 자사 전략의 우선순위를 결정하는 데 중요한 지표가 된다.

○ 세부 분석.
 - 기술력: 경쟁사가 보유한 특허 기술 또는 혁신 요소.
 - 고객 서비스: 응대 속도와 고객 불만 처리.
 - 브랜드 이미지: 소비자 인지도와 신뢰도.
 - 운영 효율성: 재고 관리, 물류 등 내부 프로세스의 효율성.
○ 예시.
 - A사는 제품 혁신성이 뛰어나지만, 고객 서비스가 부족하다. 자사는 이를 보완해 빠른 고객 응대와 개인화된 서비스 제공으로 경쟁 우위를 확보할 수 있다.

③ 차별화 요소 식별

차별화 요소는 경쟁사가 제공하지 못하는 독창적이고 실질적인 가치를 기반으로 정의된다. 예를 들어, 고급화 전략, 고객 맞춤형 서비스, 지속 가능성을 강조한 제품 등이 포함될 수 있다. 이러한 요소는 소비자에게 명확한 이점을 제공하며, 브랜드 충성도를 높이는 데 기여한다.

○ 실행 전략.
- 경쟁사가 간과한 고객 니즈를 충족.
- 제품 또는 서비스의 추가 기능 개발.
- 지속 가능성과 같은 가치 기반 접근.

(2) 자사 강점 분석

① 내부 역량 평가

자사의 핵심 역량을 식별하고 이를 통해 시장에서의 경쟁력을 강화한다. 내부 역량은 기술력, 운영 효율성, 직원 전문성 등 다양한 측면에서 평가된다. 또한, 현재 자원의 효율성과 확장 가능성을 파악하여 장기적인 성장을 도모한다.

○ 주요 항목.
- 기술력: 독자적 기술 보유 여부.
- 브랜드 이미지: 소비자 신뢰도와 평판.
- 가격 경쟁력: 비용 절감 전략과 가격 설정.
- 고객 관계: 충성 고객 기반과 재구매율.
- 유통망: 물류 및 공급망의 효율성.

○ 예시.
- 자사는 고효율 생산 라인을 통해 경쟁사 대비 20% 낮은 가격으로 제품을 제공할 수 있다.

② 소비자 가치 제안

소비자가 자사 제품을 선택해야 하는 이유를 구체적으로 정의한다. 가치 제안은 소비자의 핵심 니즈와 기대를 충족시키는 요소에 집중해야 한다. 소비자의 심리적, 실용적 요구를 모두 충족시킬 수 있는 방안을 제시한다.

○ 핵심 질문.
- 소비자가 가장 중요하게 생각하는 가치는 무엇인가?
- 경쟁사와 비교해 자사가 제공하는 추가적인 이점은 무엇인가?
○ 예시.
- "우리 제품은 경쟁사 대비 품질이 우수하며, 지속 가능한 소재를 사용함."
- "정확한 맞춤형 서비스 제공으로 고객 경험을 혁신함."

(3) 차별화 포인트 개발
① 제품 및 서비스 차별화

제품이나 서비스의 디자인, 기술, 품질, 사용자 경험 등에서 차별화를 모색한다. 특히, 사용자의 편의성과 직관적인 설계를 통해 경쟁 우위를 확보할 수 있다. 소비자 맞춤형 옵션 제공이나 추가적인 기능 혁신은 소비자 만족도를 높이는 데 효과적이다.

- 예시.
  - 경쟁사 제품 대비 더 빠르고 간편한 사용자 인터페이스.
  - 고객 맞춤형 옵션 제공으로 소비자 만족도 제고.

② 브랜드 차별화

　브랜드는 소비자가 제품을 선택하는 중요한 기준 중 하나이다. 브랜드의 독창성과 정체성을 강화하고, 일관된 메시지와 이미지를 통해 소비자와의 신뢰를 구축해야 한다. 브랜드의 스토리텔링은 소비자와의 감성적 연결을 강화하는 데 중요한 역할을 한다.
- 구현 방안.
  - 친환경 브랜드로의 포지셔닝.
  - 소셜 미디어와 커뮤니티를 활용한 소비자 참여 강화.
  - 브랜드 정체성과 비전을 명확히 전달.

③ 고객 경험 차별화

　고객 서비스와 지원 체계에서 경쟁사와 차별화된 경험을 제공한다. 고객의 문제를 신속히 해결하고, 구매 과정에서 긍정적인 경험을 제공하는 것이 핵심이다. 또한, 서비스 단계별로 고객 만족도를 측정하고 이를 지속적으로 개선한다.
- 실행 사례.
  - 24시간 고객 지원 채널 운영.
  - 구매 후 맞춤형 사용 가이드 제공.
  - 정기적인 피드백을 통한 서비스 개선.

(4) 실행 계획 수립

① 전략 우선순위 설정

　차별화 전략 중 시장에서 가장 큰 임팩트를 낼 수 있는 항목에 우선순위를 둔다. 우선순위는 자원의 효율적 배분과 빠른 성과 창출을 위해 필요하다.

② 로드맵 작성

　차별화 전략 실행을 위한 단계별 계획을 수립한다. 로드맵은 목표와 달성 기간을 명확히 설정하고, 각 단계에서 필요한 자원을 파악하는 데 도움을 준다. 구체적인 마일스톤을 설정하여 진행 상황을 체계적으로 관리한다. 마일스톤은 프로젝트의 중요한 단계를 구분하는 지표로, 각 단계별 목표를 명확히 하고 성과를 평가하는 데 활용된다.

③ 성과 평가 지표 설정

　전략이 시장에서 얼마나 효과적인지 평가하기 위해 KPI(Key Performance Indicator)를 설정한다. KPI는 정량적 데이터를 기반으로 전략의 성공 여부를 판단하는 데 사용된다. 성과는 정기적으로 검토하고, 필요에 따라 전략을 조정한다.

3) 차별화 전략 사례

- **브랜드 A:** 프리미엄 친환경 가구로 포지셔닝하여 경쟁사와 차별화.
- **브랜드 B:** AI 기반 고객 맞춤형 서비스를 제공하여 고객 충성도를 높임.

- **브랜드 C:** 낮은 가격과 간편한 사용성을 통해 대중성을 확보.

경쟁사와의 차별화 전략은 시장에서의 생존과 성공을 좌우하는 중요한 요소이다. 철저한 경쟁사 분석과 자사의 강점을 바탕으로 차별화 요소를 개발하고, 실행 계획을 체계적으로 수립해야 한다. 지속적인 모니터링과 개선 과정을 통해 자사는 시장 변화에 유연하게 대응하고, 고객에게 독보적인 가치를 제공할 수 있다.

3-2
사업계획서 항목별 작성법 및 예시

사업 개요

1) 사업화 과제 소개

사업화 과제 소개	※ 핵심 기능, 소비자층, 사용처 등 주요 내용을 중심으로 상세히 기재 ※ 사업화 과제의 현재 개발 단계를 기재 예) 아이디어, 시제품 제작 중, 프로토타입 개발 완료 등

사업화 과제는 창업자가 해결하고자 하는 문제와 이를 해결하기 위한 구체적인 방법을 설명하는 항목이다. 작성 시에는 비즈니스 모델(BM) 이미지를 활용하여 시각적으로 핵심 내용을 전달하며, 다음을 포함한다.

① 과제 정의

창업자가 해결하고자 하는 구체적인 문제를 정의하고, 이를 통해 제공될 수 있는 핵심 가치를 명확히 설명한다. 사업화 과제의 사회적, 경제적 중요성과 이 문제 해결이 시장에 미칠 잠재적 영향을 제시한다.

○ 예시: "고령화로 인한 개인 건강 관리 필요성 해결을 목표로 IoT 기

반 웨어러블 헬스케어 디바이스 개발."
- ○ **중요 포인트.**
  - 문제의 사회적 중요성.
  - 해당 문제를 해결하지 못했을 경우 발생할 위험성.
  - 이 문제가 특정 고객층(예: 고령층, 만성질환자 등)에 어떤 영향을 미치는지 설명.

② **제품/서비스 설명**

창업자가 제공할 제품 또는 서비스의 특징을 구체적으로 기술하며, 이를 통해 고객의 니즈를 어떻게 충족시킬지 설명한다. 주요 기능, 디자인, 기술적 혁신과 함께 경쟁사 제품 대비 차별화된 장점을 강조해야 한다.
- ○ **예시:** "실시간 건강 데이터 제공과 맞춤형 건강 관리 솔루션 지원을 위한 웨어러블 디바이스 개발."
- ○ **구체적 요소.**
  - 제품의 주요 기능 및 사용 방식.
  - 사용자 편의성과 시장 요구를 충족시키는 요소.
  - 타 경쟁사 제품 대비 개선된 성능과 기술적 차별성 강조.

③ **기대 효과**

사업을 통해 창출될 경제적 이익과 사회적 가치를 구체적으로 기술한다. 매출 증가, 비용 절감, 고객 경험 개선 등과 같은 직접적인 효과와, 환경 보호 및 지역 사회 기여와 같은 간접적인 긍정적 효과를 설명한다.
- ○ **예시:** "연간 건강 관리 비용 30% 절감 및 2026년까지 10만 명의 고

객 확보 목표."

○ **상세 내용.**

- 직접적인 경제적 효과(수익 증가, 비용 절감 등).

- 간접적인 사회적 효과(환경 보호, 삶의 질 향상 등).

- 해당 효과가 기업 이미지와 시장 확장에 미치는 긍정적 영향.

2) 사업화 과제 차별성

사업화 과제 차별성	※ 동종업계 타 사업 및 기존 기술 대비 우수성에 대한 내용 중심으로 상세히 기재 예) 아이디어 및 시제품 차별성, 기술 차별성 등

사업화 과제의 차별성을 부각시키기 위해 다음과 같은 내용을 작성한다.

① 기술적 차별성

제품이나 서비스가 경쟁사 대비 기술적 우위를 가지는 요소를 구체적으로 설명한다. 이를 통해 고객이 느낄 수 있는 편리함, 효율성, 또는 혁신적인 가치를 강조한다.

○ **예시:** "기존 제품 대비 2배 빠른 데이터 처리 속도 제공 및 내구성 향상."

○ **상세 내용.**

- 기술적 차별화가 사용자 경험에 미치는 영향.

- 장기적으로 유지 가능한 기술 혁신.

- 해당 기술이 시장에서 새로운 표준으로 자리 잡을 가능성.

② 사회적 트렌드 반영

최근의 사회적 변화와 소비자 트렌드를 분석하고, 이를 사업 아이템에 어떻게 적용했는지 설명한다. 예를 들어, 웰니스 트렌드, 비대면 서비스 증가 등을 고려한 아이디어를 제시한다.

- **예시:** "웰니스 및 개인화 트렌드에 부합하는 헬스케어 솔루션 제공."
- **상세 내용.**
  - 최신 트렌드와의 연계성.
  - 트렌드 변화에 대응하는 유연한 전략.
  - 소비자 행동 변화(예: 비대면 서비스 선호도 증가)에 대한 대응.

③ 특허출원 및 혁신성

특허 기술이나 독창적인 생산 공정을 활용하여 제품이나 서비스의 경쟁력을 강화하는 방식을 설명한다. 이를 통해 사업 아이템이 제공할 경제성과 지속 가능성을 구체적으로 기술한다.

- **예시:** "특허 공법 적용으로 제조 비용 20% 절감 및 제품 내구성 30% 향상."
- **상세 내용.**
  - 특허 기술이 제품의 경쟁력을 어떻게 강화하는지.
  - 생산 공정 개선으로 발생하는 추가적 이점.
  - 이를 통해 시장에서 경쟁사 대비 얼마나 빠르게 비용을 절감하고 고객 가치를 제공할 수 있는지.

3) 국내외 목표시장

국내외 목표시장	※ 국내외 목표시장, 시장 규모, 판매 전략, 기확보된 판매 채널 등을 상세히 기재

　목표 시장은 TAM > SAM > SOM 프레임워크를 활용하여 전체 시장에서 수익 시장까지의 흐름을 단계적으로 설명한다. 이를 통해 시장 크기와 성장 가능성을 명확히 제시하며, 트렌디한 용어를 활용해 심사위원의 관심을 끌고 시장 접근성을 강조한다.

① 국내 목표시장

　국내에서 목표로 하는 고객층과 시장의 특성을 정의하고, 이를 공략하기 위한 구체적인 접근 전략을 제시한다.
- **TAM(전체 시장)**: "국내 웰니스 시장, 2025년까지 10조 원 규모 예상."
- **SAM(유효 시장)**: "개인 맞춤형 헬스케어 디바이스 시장, 3조 원 규모."
- **SOM(수익 시장)**: "시장 점유율 5% 목표, 연간 매출 50억 원 달성."
- **상세 내용.**
    - 시장 내 경쟁사의 점유율과 자사의 목표 비교.
    - 고객 세분화 및 타겟 고객층 정의.
    - 각 지역별 매출 목표와 고객 접근 방식.

② 해외 목표시장

　해외 시장에서의 주요 타겟 국가와 고객층을 설정하고, 진출 전략 및 현지화 계획을 제시한다.

- **타겟 국가**: "IoT 기술 활용 높은 유럽 주요 국가 진출."
- **전략**: "현지 유통 파트너 협업으로 2026년까지 유럽 시장 점유율 3% 확보."
- **상세 내용**.
  - 각 국가별 규제 및 진입 장벽 분석.
  - 현지화 전략(언어, 문화적 차이 반영).
  - 국제 전시회와 컨퍼런스를 활용한 브랜드 인지도 확립.

4) 사업기간 내 성과달성목표

사업기간 내 성과달성목표	※ 매출, 수출, 고용 등 정량 목표 및 정성 목표를 구체적으로 기재

사업 기간은 당해년도 1년을 나타내는 것으로 1년차 목표가 가장 중요하다. 성과달성목표는 정량적 목표와 정성적 목표로 구분하여 작성한다. 사업 목표는 구체적이고 실질적인 데이터를 기반으로 작성되며, 현실적이고 달성 가능한 목표를 설정한다.

① 정량적 목표

구체적인 매출 목표와 시장 점유율 확보 계획을 제시하며, 연차별로 구체적인 수치를 포함한다.
- **매출 목표**: "1년 차 매출 5억 원, 3년 차 50억 원 달성."
- **시장 점유율 목표**: "국내 웨어러블 헬스케어 시장 점유율 5% 확보."
- **상세 내용**.

- 연차별 세부 매출 목표.
- 초기 마케팅 투자와 매출 간의 상관관계.
- 각 단계별 주요 성과 지표(KPI) 설정.

② **정성적 목표**

사회적 가치 창출, 브랜드 이미지 강화와 같은 질적인 목표를 포함하며, 이를 통해 고객과 시장에서의 신뢰를 구축한다.
- ○ "IoT 기반 헬스케어 솔루션 개발로 고령화 문제 해결 및 웰니스 시장 확대."
- ○ **상세 설명.**
  - 제품 개발 단계별 목표.
  - 사회적 가치 창출 및 지속 가능성 요소.
  - 브랜드 이미지 강화와 고객 충성도 확보 방안.

③ **성과 달성 전략**
- ○ **파트너십**: "대형 의료기기 제조업체와 협력, 안정적 유통망 확보."
- ○ **마케팅**: "SNS 콘텐츠 강화 및 온라인-오프라인 캠페인 병행."
- ○ **기술 개발**: "2년 내 데이터 분석 알고리즘 정확도 95% 이상 목표."
- ○ **상세 내용.**
  - 지역 기반 마케팅 캠페인.
  - 유통 채널 다각화를 통한 고객 접근성 강화.
  - 글로벌 마케팅 전략과 현지화 캠페인 동시 진행.

사업 개요 작성 시 명확하고 구체적인 목표와 전략을 제시하면, 사업의 비전과 실행 가능성을 효과적으로 전달할 수 있다. 이를 통해 투자자와 이해관계자들에게 신뢰를 줄 수 있다. 추가적으로 시각적 자료(그래프, 도표)를 활용하여 데이터를 명확히 제시하면 이해도를 더욱 높일 수 있다.

문제 인식(Problem)

1) 제품/서비스 개발 동기

1-1. 제품·서비스의 개발동기

※ 자사가 개발(보유)하고 있는 제품·서비스에 대한 개발동기 등을 기재

2) 외적 동기

외적 동기는 시장 환경, 사회적 요구, 정책 변화 등 외부 요인에 의해 창출된다. 이는 사업의 타당성과 필요성을 입증하며, 사업 아이템이 시장에서 가지는 가치를 강조한다. 구체적으로 기술하면 투자자와 이해관계자들에게 설득력을 높일 수 있다.

- **사회적 요구**: 소비자 행동 변화와 사회적 트렌드가 사업의 필요성을 뒷받침한다. 고령화, 웰니스 트렌드 등은 헬스케어와 같은 분야에서 새로운 시장 기회를 창출한다.

- ○ **예시**: "고령화 사회로 인한 맞춤형 헬스케어 서비스 필요성 증가. 개인 건강 관리 솔루션 수요 급증."
- ○ **상세 설명**: "헬스케어 시장은 연평균 15% 성장 중이며, 2025년까지 10조 원 규모에 이를 것으로 예상됨. 이는 웰니스 산업 확장과 기술 개발로 이어지며 지속 성장 가능성을 제공."

- **정책적 변화**: 정부 정책이나 규제 변화가 사업 기회를 창출한다. 이는 기업이 사회적 책임과 시장 요구를 동시에 충족할 수 있는 기반이 된다.
- ○ **예시**: "정부 친환경 정책 강화로 재활용 소재 제품 시장 수요 확대."
- ○ **상세 설명**: "새 법률과 인센티브가 친환경 기술과 제품 개발 가속화. 환경 규제 강화로 중소기업의 새로운 진입 장벽이 낮아짐."

- **경쟁 환경**: 기존 제품이나 서비스의 한계를 극복하는 것이 경쟁력을 강화하는 중요한 요소이다. 경쟁사 분석과 시장 조사를 통해 새로운 기회를 발굴할 수 있다.
- ○ **예시**: "시장 내 사용자 친화적이지 않은 기존 서비스로 인해 개선된 솔루션 필요."
- ○ **상세 설명**: "이 분석으로 차별화된 사용자 경험과 비용 효율성 제공 제품 개발. 더 나은 사용자 경험과 고객 충성도를 기반으로 경쟁 우위 확보 가능."

2) 내적 동기

내적 동기는 창업자의 경험과 전문성, 그리고 열정에서 비롯된다. 이는 사업 아이템의 진정성과 실행 가능성을 강조하며, 시장에서의 성공 가능성을 높인다.

- **창업자의 경험:** 창업자가 겪은 문제나 경험에서 출발한 사업 아이디어. 경험은 현실적이고 구체적인 문제 해결 방안을 제시하는 데 도움을 준다.
  - **예시:** "헬스케어 분야 10년 경험 중 건강 데이터 관리 도구 부재를 체감."
  - **상세 설명:** "이 경험은 현실 문제 해결 위한 창의적 아이디어 구상에 기여함. 고객 인터뷰를 통해 사용자 70%가 건강 데이터 관리 도구의 개선을 원한다는 피드백을 반영."

- **전문성:** 창업자가 보유한 기술적, 산업적 전문 지식을 바탕으로 사업 아이템의 강점을 부각한다. 기술 혁신과 시장 경쟁력을 모두 고려한다.
  - **예시:** "IoT 기술과 데이터 분석 활용해 웨어러블 디바이스 설계."
  - **상세 설명:** "기존 기술 대비 데이터 처리 속도와 사용자 편의성 크게 개선. 기술적 차별화를 통해 고객 신뢰도 확보."

- **열정:** 창업자의 비전과 사명감이 사업 아이템의 가치를 뒷받침한다. 열정은 장기적인 목표 설정과 팀의 동기 부여를 강화한다.

- **예시:** "모든 이들에게 접근 가능한 양질의 헬스케어 서비스 제공 목표."
- **상세 설명:** "이 비전은 팀 동기 부여와 장기 목표 달성에 기여함. 사업 아이템의 사회적 기여를 강조하며 지속 가능성을 제시."

2) 제품/서비스의 목적(필요성)

> **1-2 제품·서비스의 목적 (필요성)**
> ※ 제품(서비스)을 구현하고자 하는 목적, 고객의 니즈를 혁신적으로 해결하기 위한 방안 등을 기재

제품 또는 서비스는 시장의 주요 문제를 해결하고, 고객에게 가치를 제공하기 위해 존재한다. 이를 명확히 제시하면 사업의 실행 가능성과 시장 잠재력을 효과적으로 전달할 수 있다.

- **문제 해결:** 제품이 해결하고자 하는 구체적인 문제를 정의하고, 이를 어떻게 해결할지 설명한다. 문제 해결 과정은 구체적인 데이터와 사례로 보강한다.
- **예시:** "기존 헬스케어 서비스는 비용 높고 복잡하며 접근성 낮음. 간단하고 저렴한 솔루션 제공."
- **상세 설명:** "이 솔루션은 소외 계층도 쉽게 접근 가능하도록 설계됨. 시장 조사 결과, 40%의 고객이 저비용 접근 가능한 헬스케어 솔루션을 선호."

- **고객 가치**: 고객이 제품 또는 서비스를 통해 얻을 수 있는 혜택과 가치를 설명한다. 고객 경험의 질을 높이는 방안과 결과를 강조한다.
  - **예시**: "실시간 건강 데이터 제공으로 고객 개인화 건강 목표 지원."
  - **상세 설명**: "고객 만족도와 충성도 높이는 설계 포함. 사용자 만족도 90% 달성을 목표로 제품 개발."

- **시장 요구 충족**: 사회적, 기술적 트렌드에 대응하여 고객 니즈를 충족시키는 방안을 제시한다. 시장 변화와 기술 도입 간의 연결성을 설명한다.
  - **예시**: "IoT 기반 웨어러블 디바이스로 웰니스와 개인화 서비스 제공, 시장 요구 충족."
  - **상세 설명**: "이 제품은 초기 사용자 확보와 시장 점유율 확대에 중요한 도구가 됨. 시장 조사 결과, 초기 고객의 65%가 IoT 기반 헬스케어 제품에 관심."

- **사회적 기여**: 제품이 사회적, 환경적 문제를 해결하는 데 기여함으로써 사업의 가치를 강화한다. 사회적 책임과 지속 가능성을 강조한다.
  - **예시**: "생산 공정 개선으로 연간 탄소 배출 100톤 절감, 환경 보호 기여."
  - **상세 설명**: "이 노력은 ESG(환경, 사회, 지배구조) 목표 달성에도 기여함. 친환경 정책을 선도하는 브랜드 이미지 구축 가능."

문제 인식은 사업 계획서에서 사업의 기반과 방향성을 제시하는 중요한 부분이다. 이는 제품 또는 서비스가 해결하려는 문제와 시장에서 제공할 가치를 명확히 설명하며, 투자자와 심사위원들에게 사업의 중요성과 가능성을 설득하는 데 핵심적인 역할을 한다. 더불어, 고객과의 정서적 연결을 강화하여 장기적인 브랜드 충성도를 구축할 수 있는 기회로 활용될 수 있다. 또한, 문제 해결과 가치 제안을 통해 기업은 지속 가능한 성장을 이루고, 사회와 환경에 긍정적인 영향을 미칠 수 있다.

실현가능성(Solution)

1) 제품/서비스 개발 방안

2-1. 제품·서비스의 개발 방안

※ 제품(서비스) 구현정도, 제작 소요기간 및 제작방법(자체, 외주), 추진일정 등을 기재

(1) 개발 방안 개요

제품 또는 서비스 개발 방안은 단계별 실행 계획과 기술적 세부사항을 통해 목표 달성 가능성을 입증하는 데 중점을 둔다. 이는 창업 아이템의 실행력을 보여 주는 핵심 요소로, 제품 개발 과정에서 중요한 사항들을 구체적으로 기술해야 한다.

- **개발 포인트**: 주요 기능별로 구체적인 개발 계획과 실행 단계를 명

확히 설정. 각 기능이 설계, 테스트, 최적화되는 과정을 구체적으로 제시.

○ **예시.**
- **실시간 데이터 분석**: 클라우드 기반 알고리즘 적용으로 빠른 데이터 처리 구현. 데이터 처리 속도와 정확도를 20% 이상 향상.
- **사용자 친화적 인터페이스**: 직관적 UI/UX 설계로 편의성 강화. 사용성 테스트를 통해 90% 이상 사용자 만족도 목표.
- **배터리 효율성**: 저전력 하드웨어와 최적화된 전원 관리 시스템 도입으로 사용 시간 30% 연장.

- **개발 프로세스**: 초기 아이디어부터 상용화까지의 구체적 단계.

○ **예시.**
- 1단계: 기술 설계 및 검증.
- 2단계: 프로토타입 제작 및 사용자 피드백 수집.
- 3단계: 대량 생산과 함께 초기 시장 진입.

- **자원 활용**: 필요한 기술, 인력, 예산, 외부 협력 방안.

○ **예시**: 데이터 분석 전문 인력 확보, 클라우드 기반 기술 도입, 그리고 전문 R&D 팀 구성.

(2) 기술적 실행 전략

① **기술 개발 계획.**

○ **특허 출원**: 핵심 기술 보호 및 경쟁 우위 확보.
- **예시**: "저전력 데이터 처리 알고리즘 특허 출원 진행 중."

- ○ **기술 파트너십**: 외부 연구소, 대학, 기업과 협력하여 기술 개발 가속화.

② **테스트 및 개선.**
- ○ **프로토타입 테스트**: 초기 샘플을 대상으로 성능, 안정성, 사용자 피드백 수집.
    - **예시**: "사용자 100명을 대상으로 1차 프로토타입 테스트 완료."
- ○ **문제 해결**: 테스트 결과를 바탕으로 제품의 성능 최적화 및 문제 수정.
    - **예시**: "배터리 사용 시간 개선 및 데이터 처리 속도 최적화."

③ **생산 및 상용화.**
- ○ **시제품 생산**: 초기 생산 라인 구축 및 시장 테스트 진행.
- ○ **대량 생산**: 검증된 디자인과 기술로 최종 제품 생산.
- ○ **예시**: "첫 생산 500개로 시장 반응 확인 후 5000개로 확장."

(3) 경쟁사 비교 표

항목	경쟁사 A	경쟁사 B	우리 제품
가격	저렴하지만 기술 안정성 부족	중간 가격, 사용자 경험 제한	합리적 가격, 기술 안정성 확보
기술력	데이터 처리 속도 제한	배터리 수명 개선 미흡	고속 데이터 처리, 배터리 최적화
사용자 인터페이스	복잡하고 직관성 부족	단순하지만 기능 부족	직관적 UI, 고기능 제공
고객 지원	제한적 지원	애프터서비스 미흡	24시간 고객 지원 및 애프터서비스

2) 고객 요구사항에 대한 대응방안

2-2. 고객 요구사항에 대한 대응방안

> ※ 기능·효용·성분·디자인 등의 측면에서 현재 시장에서의 대체재(경쟁사) 대비 우위요소, 차별화 전략 등을 기재

(1) 고객 정의 및 요구사항

① 고객 정의.

- **타겟 고객층**: 연령대, 직업, 라이프스타일 등 고객 특성을 구체적으로 설정.
  - **예시**: "30~50대 건강 관리 관심 고객."
  - **상세 설명**: "활동적인 라이프스타일을 선호하며, 웨어러블 디바이스 사용에 익숙한 고객."

② 고객 요구사항 분석.

- 기존 제품의 한계를 파악하고, 고객 불만 사항을 개선할 방안 제시.
  - **예시**: "현재 제품은 배터리 수명이 짧아 장시간 사용에 제약이 있음."
  - **상세 설명**: "고객 피드백에서 배터리 지속 시간과 데이터 정확성에 대한 요구가 가장 많음."

(2) 요구사항 대응 전략

① 기능 개선.

- 제품 성능 및 디자인 최적화.
  - **예시**: "배터리 효율 30% 개선, 사용자 인터페이스 단순화."

- **상세 설명**: "기술 최적화로 배터리 수명을 연장하고, 직관적인 디자인을 통해 사용자 접근성 강화."

② **사용자 경험 강화.**
- ○ **개인화 기능**: 고객 데이터를 활용한 맞춤형 서비스 제공.
  - **예시**: "사용자 건강 기록 기반 맞춤형 알림 제공."
  - **상세 설명**: "개별 사용자 데이터 분석을 통해 더욱 개인화된 피드백과 서비스 제공."
- ○ **고객 지원 확대**: 24시간 고객센터 및 애프터 서비스 제공.
  - **상세 설명**: "문제 해결 시간을 평균 1시간 이내로 단축 목표."

③ **경쟁사 분석.**
- ○ **평가 항목**: 기술력, 가격, 서비스 품질 등에서 경쟁사와 비교 분석.
  - **예시**: "A사는 가격은 저렴하지만, 기술적 안정성이 부족함. 자사는 안정성과 기능성 모두 확보."
  - **상세 설명**: "경쟁사 대비 안정성과 효율성을 겸비한 제품 제공으로 차별화."

④ **고객 피드백 반영.**
- ○ 테스트 및 초기 사용자 피드백을 통해 개선 사항 도출.
  - **예시**: "베타 테스트 결과를 기반으로 인터페이스 수정 및 기능 추가."
  - **상세 설명**: "주요 사용자 요구를 반영해 추가 기능 개발 및 성능 최적화."

(3) 성과 평가 방안 추가

- **성과 지표 설정.**
    - 사용자 만족도 90% 이상.
    - 문제 해결 시간 평균 1시간 이내.
    - 재구매율 50% 달성.
- **정량적 목표.**
    - 첫 6개월 동안 초기 고객 500명 확보.
    - 베타 테스트 후 2개월 내 제품 출시 및 초도 물량 1,000개 판매.

　실현가능성은 제품/서비스의 성공적인 개발과 고객 만족을 위해 필수적인 항목이다. 이를 통해 사업의 실행 가능성을 명확히 제시하고, 고객의 요구를 충족시키는 구체적인 방안을 제안해야 한다. 이러한 접근은 시장에서의 경쟁력을 높이고, 장기적인 성과 달성을 위한 기반을 마련할 수 있다.

성장전략(Scale-up)

1) 자금 소요 및 조달 계획

3-1. 자금소요 및 조달계획

※ 자금의 필요성, 금액의 적정성 여부를 판단할 수 있도록 사업비(정부지원금+대응자금)의 사용계획 등을 기재(신청사업의 통합관리지침 및 세부관리기준에 근거하여 작성)

(1) 자금 소요 계획

　사업 성장을 위해 필요한 자금을 상세히 계산하고, 주요 투자 항목을 명확히 제시한다. 각 항목은 사업화 과제의 성공적인 실행을 위한 기반을 제공한다.

- **주요 사업비 비목 및 세부 산출 근거.**
  - **재료비**: 사업화에 필요한 재료 또는 원료, 데이터 등을 구매하는 비용.
    - **예시**: "웨어러블 디바이스 제작 센서(50개 × 10,000원) 및 반도체 (100개 × 5,000원) 구입 비용 총 2,000,000원."
  - **외주용역비**: 자체적으로 시제품 제작이 어려운 경우 외부 업체를 활용하여 제작 및 컨설팅에 필요한 비용.
    - **예시**: "사용자 경험(UI/UX) 디자인 외주 개발비 총 1,000,000원."
  - **기계장치**: 사업화를 위한 반복적 사용 기계 및 설비, 비품 구입 비용.
    - **예시**: "데이터 처리용 서버 및 소형 제조 기기 구입 비용 총 5,000,000원."
  - **특허권 등 무형자산 취득비**: 특허 출원 및 상표 등록 등 지식재산권과 관련된 비용.
    - **예시**: "데이터 처리 알고리즘 특허 출원비 총 500,000원."
  - **인건비**: 프로젝트 수행을 위한 직원 근로 계약에 따른 비용.
    - **예시**: "개발 담당 연구원 인건비 총 3,000,000원."
  - **지급 수수료**: 기술 이전비, 전시회 참가비, 멘토링 비용 등 사업 수행 시 발생하는 대가.
    - **예시**: "국내 헬스케어 박람회 참가비 총 200,000원."

○ **광고선전비**: 제품 홍보를 위한 마케팅 및 광고비용.
  - **예시**: "디지털 광고 및 패키지 디자인 제작비 총 1,000,000원."

(2) 자금 조달 계획

필요한 자금을 확보하기 위한 다각적 전략을 제시한다. 정부 지원 프로그램, 투자 유치, 자사 자금 활용 방안을 포함한다.

- **정부 지원.**
○ "중소기업 R&D 지원금 10,000,000원 확보 계획."
- **투자 유치.**
○ "엔젤 투자자 및 벤처 캐피탈 대상으로 초기 투자 유치 목표."
- **자사 자금.**
○ "초기 자본 5,000,000원 투입."

2) 시장 진입 및 성과 창출 전략

(1) 내수 시장 진입 전략

3-2-1. 내수시장 확보 방안 (경쟁 및 판매가능성)

※ 내수시장을 중심으로 주 소비자층, 주 타겟시장, 진출시기, 시장진출 및 판매 전략, 그간 실적 등을 구체적으로 기재

① **초기 고객 확보.**
○ **기존 네트워크 활용**: 기존 고객 및 협력사를 통한 빠른 시장 점유.

- **예시**: "대형 병원 및 헬스케어 기업과의 협약 체결로 초기 고객 확보."
○ **지역 기반 마케팅**: 지역별 시장 특성을 고려한 맞춤형 홍보.
- **예시**: "주요 대도시 중심으로 팝업 스토어 운영 및 현지 고객 유입."

② 마케팅 전략.

○ **디지털 마케팅**: SNS와 온라인 광고를 활용한 고객 접근성 강화.
- **예시**: "SNS 광고 캠페인을 통해 6개월 내 신규 고객 10,000명 확보."
○ **콘텐츠 마케팅**: 블로그, 유튜브 채널 등을 통한 브랜드 스토리 전달.
- **예시**: "헬스케어 제품의 효용성을 강조한 리뷰 콘텐츠 제작 및 유통."

(2) 해외 시장 진출 전략

3-2-2. 해외시장 진출 방안 (경쟁 및 판매가능성)

> ※ 해외시장을 중심으로 주 소비자층, 주 타겟시장, 진출시기, 시장진출 및 판매 전략, 그간 실적 등을 구체적으로 기재

① 타겟 시장 선정.

○ **국가별 분석**: 문화, 경제 상황, 규제 등을 고려하여 타겟 시장 선정.
- **예시**: "유럽 시장 내 독일과 프랑스를 1차 진출 국가로 설정."

② 진출 방식.

○ **현지 파트너십**: 유통망 및 현지 네트워크 활용.
- **예시**: "현지 유통업체와 협력하여 초기 시장 점유율 확보."
○ **글로벌 마케팅**: 국제 전시회 참가 및 현지화 전략.
- **예시**: "독일에서 열리는 글로벌 헬스케어 박람회 참가 및 제품 소개."

③ 성과 측정.
- **매출 목표**: 초기 매출 10억 원 달성.
- **시장 점유율**: 1년 내 유럽 시장 점유율 3% 확보.

3) 협약기간 내 성과 달성 방안

3-2-3. 협약기간(~) 내 성과 목표 및 달성 방안

※ 협약기간 내 정량적인 성과목표와 이를 달성하기 위한 방안
※ 협약기간 내 시제품과 관련된 성과목표와 이를 달성하기 위한 방안

(1) 로드맵 설정

사업 성과를 체계적으로 달성하기 위해 연간 목표와 실행 계획을 설정한다.

- **1년 차 로드맵** (분기별 주요 활동)

분기	주요 활동
1분기	- 기술 설계 완료 및 프로토타입 개발 시작 - 초기 고객 확보를 위한 마케팅 캠페인 기획 및 론칭
2분기	- 프로토타입 완성 및 사용자 피드백 수집 - 베타 테스트 실행 및 개선 사항 반영 - 프로토타입을 통한 매출 5000만 원 달성
3분기	- 최종 제품 생산 및 초기 시장 진입 - 국내 주요 전시회 참가 및 브랜드 인지도 제고 - 전시회 매출 5000만 원 달성 - 최종 제품 판매 1억 원 달성
4분기	- 첫 번째 판매 결과 분석 및 시장 점유율 확대 전략 재설정 - 고객 피드백 기반 추가 제품 라인업 기획 - 시장 확장을 통한 매출 1억5천만 원 증대 - 1년 차 목표 매출액: 3억5천만 원

- **2~3년 차 목표**
    - 시장 점유율 확대 및 브랜드 인지도 강화.
    - 연매출 50억 원 달성.

(2) 구체적 실행 방안

① 마케팅 강화.
- **유료 광고**: 검색 엔진 및 소셜 미디어 광고로 고객 유입 증가.
- **언론 보도**: 제품 관련 기사와 인터뷰를 통한 신뢰도 강화.

② 기술 개발.
- **기능 개선**: 고객 피드백 기반 제품 업그레이드.
- **신제품 출시**: 시장 트렌드에 맞춘 새로운 제품 라인 개발.

③ 파트너십 확대.
- **공동 캠페인**: 유통사 및 관련 기업과 협력하여 공동 프로모션 진행.
- **정부 프로그램**: 중소기업 수출 지원 프로그램 활용.

(3) 성과 평가

성과 달성을 위한 정량적 지표(KPI)를 설정하고, 이를 기반으로 주기적인 평가를 진행한다.

- **매출 성장률**: 연간 매출 성장률 30% 이상.
- **고객 확보 목표**: 2년 내 5만 명 신규 고객 확보.

- **시장 점유율**: 3년 내 국내 10%, 해외 5% 달성.

성장전략은 자금 조달부터 시장 진입, 성과 창출까지의 과정을 체계적으로 계획하고, 이를 실행하는 데 필요한 구체적 방안을 포함해야 한다. 이를 통해 사업의 지속 가능성과 확장 가능성을 투자자와 이해관계자들에게 효과적으로 전달할 수 있다.

팀 구성(Team)

1) 팀 구성의 중요성

팀 구성 항목은 사업계획서에서 팀의 역량과 성공 가능성을 보여 주는 핵심 요소다. 단순히 구성원을 나열하는 것을 넘어, 각자의 전문성과 역할이 사업 목표 달성에 어떻게 기여하는지를 구체적으로 설명해야 한다. 적절한 팀 구성은 투자자와 심사위원들에게 신뢰를 줄 수 있는 중요한 역할을 한다. 따라서 이 항목에서는 팀의 전문성, 조직 체계, 그리고 사업 확장을 위한 구체적인 계획을 명확히 서술해야 한다.

2) 작성 방법

① **현재 팀의 구성 현황 서술**

  ○ 대표자와 주요 구성원의 역할과 경력을 간결하면서도 구체적으로 서술한다. 대표자의 리더십과 전문성이 사업 비전 실현에 어떻게 기여하는지 강조한다.

○ 팀의 협업 방식과 조직 구조를 설명한다. 예를 들어, 프로젝트 관리 방식, 주간 회의 체계, 또는 업무 보고 체계를 언급해 운영 능력을 전달한다.

② **추가 인력 고용 계획**
○ 현재 팀이 가진 기술적, 운영적 강점과 더불어 추가적으로 필요한 인력과 역량을 정의한다. 기술 개발에 필요한 특정 언어의 개발자나, 시장 확장을 위한 지역 전문가를 명시한다.
○ 추가 인력 고용의 시점과 우선순위를 구체적으로 작성한다. 예를 들어, 3개월 차에는 데이터 분석 전문가, 5개월 차에는 마케팅 전문가를 채용할 계획이라는 식으로 작성할 수 있다.

③ **팀의 강점 부각**
○ 팀 구성원들의 전문성과 경력을 통해 팀의 강점을 부각한다. 예를 들어, CTO가 보유한 특허 수, COO가 성공적으로 운영했던 프로젝트 등을 명시한다.
○ 팀워크와 문제 해결 능력을 강조한다. 이전에 직면했던 도전 과제를 어떻게 극복했는지 사례를 포함하면 설득력을 높일 수 있다.

④ **기술 보호 및 사회적 가치 실천 계획**
○ 기술 보호 노력에는 특허, 상표, 저작권 등록 등 법적 조치를 포함한다. 내부 데이터 보안 정책 강화와 NDA 체결 등도 포함된다.
○ 사회적 가치 실현 방안으로는 양질의 일자리 창출을 위한 중소기업

성과 공유제, 비정규직의 정규직화 등 사회적 가치 실천 계획을 기재한다.

구분		내용
현금	경영 성과급	기업 차원에서 이익 또는 이윤등의 경영성과가 발생했을 때 해당 성과를 회사 종업원들과 공유하는 경영활동
	직무발명 보상	종업원, 법인의 임원 또는 공무원이 개발한 직무발명을 기업이 승계 소유하도록 하고, 종업원 등에서 직무발명의 대가에 상응하는 정당한 보상을 해 주는 제도
주식	우리사주	'우리 회사 주식 소유제도'의 줄임말로, 근로자가 자신이 근무하는 회사의 주식을 취득 보유할 수 있도록 하는 제도
	주식매수 선택권 (스톡옵션)	회사가 정관으로 정하는 바에 따라 임직원 등에게 미리 정해진 가격으로 신주를 인수하거나 회사의 주식을 매수할 수 있는 권리를 부여하는 것
공제 및 기금	내일채움 공제	5년 이상 장기재직한 핵심인력에게 중소기업과 핵심인력의 공동적립금과 복리이자를 성과보상금 형태로 지급하는 제도
	과학기술인 공제회	과학기술인에 대한 생활안정과 복리를 도모하기 위해서 설립된 공제기구
	사내근로 복지기금	근로자의 복지를 위해 기업이 이익금을 출연해 조성한 기금
일·생활 균형제도	일·생활 균형캠페인 참여기업	기업의 일하는 방식과 문화를 개선하고자 고용노동부에서 시행하는 '일·생활균형캠페인' 참여기업(고용노동부 승인)

3) 예시

① **현재 팀 구성 현황**

ㅇ 대표자: 김철수(CEO)

15년간 스타트업 경영 경험. 글로벌 마케팅 및 투자 유치 전문성 보유. 3건의 성공적인 투자 라운드 진행 경험.

○ 주요 구성원.

이영희(CTO): 10년 이상의 AI 및 데이터 분석 경력. 5건의 기술 특허를 보유하며, 제품 개발을 총괄.

박민수(COO): 운영 관리와 자원 배분 책임. 글로벌 팀을 관리하며 효율적인 프로세스를 구축한 경험.

② 추가 인력 고용 계획

○ 빅데이터 분석 전문가: 고객 데이터 기반의 마케팅 전략 수립 및 제품 최적화. 관련 경력 3년 이상, 데이터 분석 툴 사용 경험 필수. 6월 채용 예정.

○ 지역 마케팅 전문가: 지역별 고객 니즈를 반영한 맞춤형 마케팅 캠페인 실행. 마케팅 경력 2년 이상, 현지화 전략 경험 보유자 우대. 9월 채용 예정.

○ UI/UX 디자이너: 사용자 경험을 최적화하고, 직관적인 인터페이스를 설계하여 제품의 접근성을 높이는 역할. 디자인학부 졸업자, 경력 2년 이상, 프로토타이핑 툴 사용 가능자 우대. 7월 채용 예정.

③ 기술 보호 노력

○ 특허 출원 및 상표 등록을 통해 핵심 기술 보호.
○ 내부 데이터 보안을 강화하고 최신 보안 솔루션을 도입.
○ 기술 협력사와의 계약에서 NDA를 철저히 준수하여 기술 유출 방지.

④ **사회적 가치 실현**
   ○ 경영성과급 지급
   ○ 내일채움공제 도입
   ○ 사내근로복지기금 도입

4) 유의 사항

- **구체적이고 간결하게 작성한다.** 숫자와 성과를 활용해 객관성을 강조한다.
- **팀의 독창성과 차별성을 강조한다.** 경쟁사와의 차별점을 명확히 서술한다.
- **미래 지향적인 계획을 포함한다.** 현재뿐 아니라 장기적인 팀 확장 가능성과 비전을 제시한다.

팀 구성 항목은 사업계획서의 신뢰성과 가능성을 판단하는 중요한 지표다. 현재 팀의 역량을 강조하고, 추가 인력 계획과 기술 보호, 사회적 가치를 실현하는 노력을 포함하면 더욱 신뢰도 높은 내용을 전달할 수 있다. 독자는 이를 통해 팀의 강점과 사업 성공 가능성을 명확히 이해할 수 있다.

4장

평가 기준 및 전략적 대응 방안

청년창업사관학교
합격노트

4-1

내부 평가 기준 분석

사업 아이템의 혁신성

1) 혁신성의 중요성

사업 아이템의 혁신성은 내부 평가 기준에서 가장 중요한 항목 중 하나다. 이는 아이템이 얼마나 독창적이고 차별화된 가치를 제공하며, 기존 시장에서 새로운 기회를 창출할 수 있는지를 판단하는 기준이다. 혁신성은 시장 진입 성공 가능성을 높이고, 투자자와 평가자들에게 사업의 독창성과 경쟁 우위를 어필할 수 있는 핵심 요소다. 특히, 기술적 혁신이 뒷받침된다면 기존 산업 구조를 변화시키고 새로운 시장 표준을 제시하는 데 기여할 수 있다.

2) 혁신성 평가 기준

① **기술적 독창성**
  ○ 기존 기술이나 제품과 비교했을 때 얼마나 독창적이고 차별화되어 있는지를 평가한다. 독창적인 기술 적용은 사업의 경쟁력을 결정짓는 중요한 요인이다.

② **문제 해결 능력**
- 고객의 주요 문제를 해결하거나 기존 제품이 충족하지 못한 니즈를 해결할 수 있는지를 평가한다. 문제 해결 능력은 사업의 시장 적합성을 결정하는 중요한 지표다.

③ **미래 트렌드와의 적합성**
- 기술 발전과 소비자 트렌드 변화에 얼마나 부합하는지를 분석한다. 최신 기술이나 트렌드를 반영한 사업은 시장에서 더 높은 주목도를 얻을 가능성이 있다.

3) 대비 전략
① **차별화 포인트 명확화**
- 경쟁 제품이나 서비스와의 차별성을 구체적으로 설명한다. 기술적, 디자인적, 기능적 차별화를 강조함으로써 시장에서 독자적인 위치를 확보할 수 있다.
- 제품 또는 서비스의 핵심 기능을 간결하게 요약한 "차별화 요약 자료"를 준비해 투자자나 심사위원에게 명확히 전달한다.

② **시장 데이터 활용**
- 시장 조사 자료와 트렌드 데이터를 통해 아이템의 혁신성을 입증한다. 시장 성장 가능성과 소비자 수요를 뒷받침하는 구체적인 데이터를 활용하면 신뢰도를 높일 수 있다.

③ 프로토타입 개발 및 검증
- 초기 프로토타입을 통해 아이디어의 실행 가능성과 효과를 검증한다. 사용자 테스트와 피드백을 기반으로 지속적으로 개선하여 완성도를 높인다.

④ 기술 및 시장 동향 분석
- 최신 기술 동향과 시장 변화를 꾸준히 모니터링하여 사업 아이템이 트렌드에 부합하는지 점검한다. 기술 발전 속도에 따른 시장 진입 전략을 재조정한다.

4) 준비를 위한 질문들
- 기술적 차별성을 명확히 서술했는가?
- 아이템이 제공하는 가치와 기존 제품 간의 차별점을 정의했는가?
- 혁신성을 입증할 수 있는 데이터와 자료를 포함했는가?
- 프로토타입이나 샘플이 준비되었는가?
- 시장 트렌드와의 연계성을 설명했는가?
- 기술 및 시장 동향을 반영하여 전략을 수정했는가?

시장성 및 사업화 가능성

1) 시장성과 사업화 가능성의 중요성
시장성과 사업화 가능성은 사업의 지속 가능성을 평가하는 핵심 기준이다. 이는 목표 시장의 크기, 성장 가능성, 고객 수요와 더불어, 사업 아이템이 실제로 시장에 성공적으로 자리 잡을 수 있는지 여부를 판단한다. 이러한 기준은 사업 계획의 현실성과 시장 내 지속 가능성을 입증하는 데 필수적이다. 평가자와 투자자는 이러한 기준을 통해 사업 아이템이 잠재적인 성공 요인을 갖추고 있는지, 그리고 이를 실행할 전략적 준비가 되어 있는지를 확인할 수 있다.

2) 시장성 평가 기준

① **시장 크기**

- 목표 시장의 규모와 성장 가능성을 분석한다. TAM(전체 시장), SAM(유효 시장), SOM(수익 시장)을 기준으로 세분화하여 시장 접근성을 평가한다.
- **세부 예시**: 글로벌 전자상거래 시장의 TAM은 수조 원 규모이며, 특정 카테고리의 SAM은 약 10억 원, 그리고 본 사업의 SOM은 1억 원으로 추정된다. 이러한 분석은 시장의 크기와 진입 가능성을 구체화한다.

② **고객 수요**

- 고객이 실제로 원하는 제품이나 서비스를 제공하는지 평가한다. 고객의 니즈와 구매 의향을 철저히 분석하고, 이를 통해 사업 아이템의 필요성을 입증한다.
- **추가 방안**: 고객 설문조사와 인터뷰를 통해 구매 의사를 검증하며, 구체적인 수요 데이터를 확보한다.

③ 경쟁 분석

- 경쟁 제품 및 서비스와의 비교를 통해 사업 아이템의 경쟁력을 확인한다. 경쟁사의 강점과 약점을 분석하여 차별화 요소를 강조한다.
- **사례**: 경쟁사 A는 빠른 배송 서비스가 강점이지만, 사용자 경험(UX) 개선이 필요하다는 점을 고려해 UX를 강화한 서비스를 제시할 수 있다.

3) 사업화 가능성 평가 기준

① 비즈니스 모델의 수익성

사업 아이템이 지속 가능한 수익 구조를 가지고 있는지 평가한다. 비용 대비 수익성을 분석하여 장기적인 성장 가능성을 검토한다.

- **예시**: 본 사업은 초기 투자 대비 2년 내 ROI(Return on Investment) 150%를 달성할 수 있는 비즈니스 모델을 기반으로 설계되었다.

② 자원 확보 가능성

- 사업 운영에 필요한 자금, 인프라, 기술 인력 등 주요 자원을 확보할 수 있는지를 평가한다. 자원 확보가 안정적으로 이루어질 경우 사업화 성공 가능성이 크게 향상된다.
- **전략**: 초기 투자 유치를 통해 필수 자금을 확보하고, 전문가 네트워크를 활용해 기술 인력을 모집한다.

③ 법적 및 규제 요건 준수

- 사업화 과정에서 필요한 법적 요건과 규제 준수 여부를 점검한다.

인증 및 허가 절차를 검토하여 사업화 과정에서의 장애물을 최소화한다.
- **실제 사례**: 의료 기기 스타트업은 초기 사업화 단계에서 FDA 인증을 사전에 완료해 시장 진입을 원활히 했다.

4) 대비 전략

① 시장 조사와 분석 도구 활용
- TAM, SAM, SOM 분석을 통해 시장 크기를 명확히 정의하고, 고객 세분화 데이터를 활용해 시장 적합성을 입증한다. 데이터 기반의 접근은 평가자에게 신뢰를 줄 수 있다.

② 경쟁 분석과 차별화 전략
- 경쟁사의 강점과 약점을 파악하고 이를 바탕으로 차별화된 전략을 수립한다. 경쟁사의 실패 사례를 참고하여 사업 리스크를 최소화하고, 고객에게 차별화된 가치를 제공한다.

③ 비즈니스 모델 검증
- 비용 구조와 수익 모델을 상세히 분석하여 사업의 재정적 안정성을 입증한다. 예상 매출과 운영 비용을 투명하게 제시하여 투자자와 평가자에게 신뢰를 준다.

④ 규제 대응 준비
- 규제 및 법적 요건 준수를 위한 전문가 컨설팅을 진행하고, 필요한

인증 및 허가 절차를 사전에 완료한다. 이를 통해 시장 진입 시 발생할 수 있는 지연을 방지한다.

5) 준비를 위한 질문들

- 목표 시장의 규모와 성장 가능성을 구체적으로 정의했는가?
- TAM, SAM, SOM 분석을 통해 시장 접근성을 명확히 제시했는가?
- 고객의 니즈와 구매 의향을 충분히 분석했는가?
- 경쟁사와의 차별화 요소를 명확히 제시했는가?
- 비용 대비 수익성을 입증할 데이터가 준비되었는가?
- 사업화에 필요한 자원 확보 계획을 수립했는가?
- 규제 및 법적 요건 준수를 위한 준비가 되었는가?

6) 추가 전략

① 실제 데이터 기반 보고서 준비

- 객관적인 시장 보고서를 기반으로 사업 계획의 신뢰성을 강화한다. 글로벌 시장 데이터와 지역별 트렌드를 결합하여 평가자에게 설득력 있는 자료를 제시한다.

② 협업과 파트너십 구축

- 시장 진입 초기 단계에서 전략적 파트너십을 통해 자원을 보완하고, 브랜드 신뢰도를 높인다. 예를 들어, 로컬 공급 업체와의 협력은 초기 시장 확장에 유리하다.

③ 고객 피드백 반영

o 초기 고객 피드백을 통해 제품과 서비스를 지속적으로 개선한다. 고객 중심 접근법은 사업화 가능성을 크게 향상시킨다.

④ 리스크 관리 계획 수립

o 예상 가능한 시장 리스크를 정의하고 이에 대한 대응 전략을 사전에 마련한다. 예를 들어, 경쟁사 신규 진입, 기술적 장애 요인 등을 분석하여 효과적인 대응책을 준비한다.

실행력 및 팀 역량

1) 실행력 및 팀 역량의 중요성

　실행력과 팀 역량은 사업의 성공 가능성을 평가하는 데 있어 핵심적인 역할을 한다. 실행력은 사업 목표를 달성하기 위한 구체적인 실행 계획과 이를 실행에 옮길 능력을 평가하며, 팀 역량은 이를 실행할 수 있는 팀의 전문성과 협업 능력을 의미한다. 투자자와 평가자들은 이 항목을 통해 사업의 실행 가능성과 신뢰도를 판단한다. 이 항목은 사업의 실질적 실행 가능성과 팀의 조직적 강점을 입증하는 데 필수적이다.

2) 실행력 평가 기준

① 구체적인 실행 계획

o 사업 목표 달성을 위한 단계별 실행 계획이 명확해야 한다. 실행 계

획은 시간, 예산, 자원을 포함하여 단계별 구체적인 목표와 활동을 상세히 서술해야 한다.
- ◦ **세부 요소**: 각 단계의 예상 소요 시간, 필요한 리소스, 담당자.
- ◦ 제품 개발 단계에서는 프로토타입 제작, 테스트, 피드백 수집, 최종 디자인 승인까지의 구체적인 계획과 일정이 포함되어야 한다.

② 리소스 활용 능력
- ◦ 제한된 자원을 효과적으로 활용하여 최대의 성과를 낼 수 있는 능력을 평가한다. 자원 활용 능력은 효율적인 예산 관리, 인력 배치, 그리고 기술적 자원의 적절한 사용 능력을 포함한다.
- ◦ **전략**: 프로젝트 초기 단계에서 예산을 분배하고, 팀 리소스 관리 도구를 통해 자원을 실시간으로 모니터링.

③ 위기 대처 능력
- ◦ 예상되는 문제 상황에 대한 해결 방안을 마련했는지 점검한다. 위기 상황에서의 의사 결정 과정과 대응 방안을 명확히 제시하는 것이 중요하다.

3) 팀 역량 평가 기준

① **팀원 전문성**
- ◦ 각 팀원이 해당 분야에서 얼마나 전문성과 경험을 보유했는지 평가한다. 전문성은 학력, 경력, 자격증과 같은 객관적 지표를 통해 평가할 수 있다.

- **예시**: CTO가 10년 이상의 AI 연구 경력과 관련 특허를 보유한 경우, 기술적 신뢰도를 높이는 중요한 요소로 작용.

② **팀워크와 의사소통**
- 팀 내 협업 능력과 효과적인 의사소통 방식을 검토한다. 성공적인 팀은 명확한 역할 분담과 원활한 의사소통 체계를 갖추고 있어야 한다.
- **방법**: 주간 회의, 협업 도구 사용, 실시간 피드백 시스템 등.
- **예시**: 프로젝트 관리 도구를 사용하여 모든 팀원이 프로젝트 진행 상황을 공유하고, 피드백을 실시간으로 교환한 사례.

③ **리더십**
- 대표자의 리더십이 사업 성공에 기여할 수 있는지를 평가한다. 리더십은 팀을 하나로 통합하고, 위기 상황에서 결단을 내릴 수 있는 능력을 포함한다.
- **사례**: 대표자가 이전 스타트업에서 팀을 성공적으로 이끌고 매각까지 완료한 경험.

4) 대비 전략

① **성과 기반 포트폴리오 준비**
- 팀 구성원들의 경력과 성공 사례를 정리하여 명확히 제시한다. 각 구성원의 주요 성과를 중심으로 전문성을 부각한다.
- **방법**: 팀원의 핵심 성과를 포트폴리오 형태로 구성하여 투자자나

평가자에게 제공.
- **추가 전략**: 팀원의 주요 경력을 데이터로 시각화하여 가독성을 높인다.

② **프로젝트 관리 도구 활용**
- 실행 계획의 효율성을 입증하기 위해 간트 차트, 워크플로우 매핑 등 프로젝트 관리 도구를 사용한다. 이러한 도구는 프로젝트 진행 상황을 체계적으로 관리하고, 예상치 못한 문제를 신속히 해결할 수 있게 한다.
- **예시**: Asana, Trello, Jira와 같은 도구를 활용해 팀 협업과 업무 추적을 개선한 사례.

③ **위기 시나리오 작성**
- 예상되는 위험 요소와 이에 대한 대응 계획을 사전에 마련한다. 이를 통해 팀은 긴급 상황에서도 신속하게 대응할 준비가 되어 있음을 입증할 수 있다.
- **전략**: 위기 관리 매뉴얼을 작성하고, 정기적인 모의 훈련을 통해 대응 능력을 강화.
- **예시**: 시장 불확실성에 대비해 대체 시장 진입 전략을 사전에 준비한 사례.

④ **교육 및 역량 강화 프로그램**
- 팀원의 전문성을 높이기 위해 정기적인 교육과 훈련 프로그램을 도

입한다. 이를 통해 새로운 기술 트렌드에 대응할 수 있는 능력을 갖춘 팀을 구성할 수 있다.
- ○ **방법**: 온라인 강의, 워크숍, 전문가 초청 세미나 등을 정기적으로 운영.

5) 준비를 위한 질문들

- 실행력을 입증할 구체적인 계획과 타임라인이 준비되었는가?
- 제한된 자원을 효과적으로 활용할 방안이 수립되었는가?
- 예상되는 위기 상황과 해결 방안이 마련되었는가?
- 팀 구성원들이 분야별 전문성과 경력을 입증할 자료를 보유하고 있는가?
- 팀워크와 의사소통 방식을 효율적으로 관리할 체계를 갖추고 있는가?
- 대표자의 리더십이 팀의 성과와 성공 가능성을 높이는가?
- 교육 및 훈련 프로그램을 통해 팀 역량을 지속적으로 강화하고 있는가?
- 프로젝트 관리 도구를 활용하여 실행 계획을 체계적으로 관리하고 있는가?

준비를 위한 질문들 모음

혁신성	기술적 차별성을 명확히 서술했는가?
	아이템이 제공하는 가치와 기존 제품 간의 차별점을 정의했는가?
	혁신성을 입증할 수 있는 데이터와 자료를 포함했는가?
	프로토타입이나 샘플이 준비되었는가?
	시장 트렌드와의 연계성을 설명했는가?
	기술 및 시장 동향을 반영하여 전략을 수정했는가?
시장성 및 사업화 가능성	목표 시장의 규모와 성장 가능성을 구체적으로 정의했는가?
	TAM, SAM, SOM 분석을 통해 시장 접근성을 명확히 제시했는가?
	고객의 니즈와 구매 의향을 충분히 분석했는가?
	경쟁사와의 차별화 요소를 명확히 제시했는가?
	비용 대비 수익성을 입증할 데이터가 준비되었는가?
	사업화에 필요한 자원 확보 계획을 수립했는가?
	규제 및 법적 요건 준수를 위한 준비가 되었는가?
실행력 및 팀 역량	실행력을 입증할 구체적인 계획과 타임라인이 준비되었는가?
	제한된 자원을 효과적으로 활용할 방안이 수립되었는가?
	예상되는 위기 상황과 해결 방안이 마련되었는가?
	팀 구성원들이 분야별 전문성과 경력을 입증할 자료를 보유하고 있는가?
	팀워크와 의사소통 방식을 효율적으로 관리할 체계를 갖추고 있는가?
	대표자의 리더십이 팀의 성과와 성공 가능성을 높이는가?
	교육 및 훈련 프로그램을 통해 팀 역량을 지속적으로 강화하고 있는가?
	프로젝트 관리 도구를 활용하여 실행 계획을 체계적으로 관리하고 있는가?

4-2

평가 항목별 준비 전략 및 심사 대응법

 평가 항목별 준비 전략은 사업 계획서 작성과 심사 과정에서 중요한 역할을 한다. 각 평가 항목은 사업의 가능성과 경쟁력을 입증하는 데 필수적인 기준으로, 이를 철저히 준비하면 심사 과정에서 더 높은 신뢰와 긍정적인 평가를 받을 수 있다. 본 섹션에서는 주요 평가 기준별 준비 방법과 심사에서 효과적으로 대응하기 위한 전략을 제시한다.

1) 평가 기준 분석 및 준비 방법

 평가 항목에 대한 철저한 준비는 사업 계획서 작성의 핵심이며, 심사 과정에서의 성공을 좌우한다. 특히 청년창업사관학교와 같은 공적 프로그램에서는 각 항목별로 구체적이고 전략적으로 준비된 자료가 요구된다. 심사자들에게 신뢰감을 줄 수 있는 명확한 근거와 실행 가능한 계획이 사업 성공을 이끄는 첫걸음이 된다.

① 혁신성

 혁신성은 평가 항목에서 가장 중요한 기준 중 하나로, 사업 아이템의 독창성과 차별성을 중심으로 평가된다. 심사자는 아이템이 기존 제품 대비 얼마나 새로운 가치를 제공하며, 고객의 문제를 효과적으로 해결할 수 있는지를 검토한다. 혁신성을 입증하기 위해 시장 조사와 경쟁사 분석을 통해 차별화된 요소를 명확히 하고, 기술적 독창성을 뒷받침할 수 있는 자료(프로토타입, 특허 등)를 준비해야 한다. 또한, 최신 시장 트렌드와의 연계성을 입증할 데이터를 포함하여 프레젠테이션 자료로 활용한다.

② 시장성

시장성 평가는 사업 아이템의 목표 시장 크기, 성장 가능성, 그리고 고객의 니즈와 구매 의향을 중심으로 진행된다. 이를 효과적으로 준비하기 위해 TAM, SAM, SOM 분석과 같은 체계적인 시장 분석 방법을 활용하여 데이터를 정리하고, 고객 인터뷰와 설문조사를 통해 실질적인 수요 데이터를 확보한다. 시장성을 강조하기 위해 경쟁사 분석 자료와 차별화된 비즈니스 모델을 명확히 제시하며, 시각 자료를 활용해 심사자의 이해를 돕는다.

③ 사업화 가능성

사업화 가능성은 아이템의 지속 가능성과 수익 구조를 평가하며, 사업화를 위한 자원 확보 가능성과 규제 준수 여부를 검토한다. 이를 위해 비용 구조와 예상 매출을 포함한 재정 계획을 수립하고, 필요한 자금, 기술, 인력 등 주요 자원의 확보 계획을 명시한다. 규제 요건 준수와 법적 인증 준비 상태를 명확히 제시하며, 초기 투자 대비 ROI(Return on Investment)를 설정하여 사업의 실현 가능성을 입증한다.

④ **실행력 및 팀 역량**

실행력과 팀 역량은 팀이 사업 목표를 실현할 수 있는 전문성과 실행력을 평가하는 중요한 항목이다. 실행력을 입증하기 위해 구체적인 실행 계획과 단계별 목표를 포함한 타임라인을 준비하고, 예상 리스크에 대한 대응 전략을 수립한다. 팀 구성원의 전문성과 경력을 보여 줄 포트폴리오를 준비하며, 프로젝트 관리 도구(예: Trello, Asana)를 활용해 팀 운영의 효율성을 강조한다. 이러한 준비는 심사자들에게 팀의 역량과 실행 가능성을 확신시킬 수 있다.

2) 준비를 위한 체크리스트

- ✓ 사업 아이템의 독창성과 시장 트렌드와의 연계성을 입증할 자료가 준비되었는가?
- ✓ TAM, SAM, SOM 분석으로 시장성을 명확히 제시했는가?
- ✓ 예상 매출과 비용 구조를 포함한 재정 계획이 체계적으로 수립되었는가?
- ✓ 팀 구성원의 전문성과 실행력을 보여 줄 포트폴리오와 실행 계획이 준비되었는가?
- ✓ 예상 리스크에 대한 구체적인 대응 전략이 마련되었는가?

3) 심사를 위한 추가 전략

① **시각 자료 활용**

  ○ 슬라이드나 다이어그램을 사용하여 복잡한 내용을 시각적으로 전달한다.
  ○ 예: 시장성 분석을 차트로 구성하거나 경쟁 분석 결과를 테이블로

정리한다.

② 모의 심사 진행

- 예상 질문을 바탕으로 모의 심사를 진행하여 팀원들이 대응 전략을 연습한다.
- 실제 심사와 유사한 환경을 구성하여 긴장도를 낮추는 훈련을 포함한다.

③ 일관된 메시지 전달

- 팀원 모두가 동일한 비전과 메시지를 전달하도록 사전 조율한다.
- 핵심 메시지를 3~5개로 요약하여 심사자에게 명확히 전달한다.

④ 피드백 반영

- 초기 고객과 전문가의 피드백을 적극 반영하여 자료를 보완한다.
- 예: 시장성 데이터를 업데이트하거나 프로토타입을 개선한다.

⑤ 리스크 관리 전략

- 예상되는 심사 과정의 리스크를 정의하고, 이를 대비한 대응 전략을 수립한다.
- 예: 예상 질문에 대한 구체적인 답변 준비, 자료 부족에 대비한 백업 자료 마련.

평가 기준에 맞춘 철저한 준비와 체계적인 대응 전략은 심사 과정에서 신뢰도를 높이고 성공 가능성을 극대화한다. 명확한 자료와 일관된 메시지를 바탕으로 심사자와 투자자들에게 사업의 가능성을 효과적으로 전달할 수 있다.

4) 예상 질문 및 대응 전략

(1) 혁신성과 관련된 질문
① "이 사업 아이템이 기존 시장에서 어떻게 차별화되었나요?"
  - **대응 전략**: 경쟁 제품과의 주요 차별성을 설명하고, 혁신적인 요소를 구체적으로 제시한다. 새로운 기술 적용 사례나 고객 문제를 해결한 구체적인 방법을 언급하며, 데이터와 사례를 통해 입증한다.

② "기술적 독창성을 어떻게 입증할 수 있나요?"
  - **대응 전략**: 기술의 독창성을 입증할 수 있는 자료(특허, 기술 도면, 프로토타입 사진)를 준비하고, 기술 개발 과정과 시장에서의 차별화된 성과를 구체적으로 설명한다.

(2) 시장성과 관련된 질문
① "목표 시장의 크기와 성장 가능성을 어떻게 산출했나요?"
  - **대응 전략**: TAM, SAM, SOM 분석 데이터를 활용하여 시장 크기와 성장 가능성을 명확히 설명한다. 관련 통계와 보고서를 준비하며, 경쟁사 데이터를 비교 분석하여 시장의 기회를 부각한다.

② "고객 수요를 어떻게 확인했나요?"
- ○ **대응 전략**: 고객 인터뷰와 설문조사 결과를 기반으로 구체적인 수요 데이터를 제시하고, 실질적인 고객 피드백 사례를 포함하여 수요를 입증한다.

(3) 사업화 가능성과 관련된 질문

① "이 사업이 수익을 내기까지 예상되는 시간은 얼마나 걸릴까요?"
- ○ **대응 전략**: 수익 예측과 비용 분석을 통해 초기 투자 회수 기간을 제시한다. 단계별 목표와 예상 매출을 구체적으로 설명하며, 시장 도달 전략을 포함한다.

② "규제나 법적 요건에 어떻게 대비하고 있나요?"
- ○ **대응 전략**: 해당 산업의 규제 요구 사항과 이를 충족하기 위한 준비 상태를 설명한다. 예를 들어, 인증 과정이나 법적 자문을 받은 사례를 언급하며 신뢰를 준다.

(4) 실행력 및 팀 역량과 관련된 질문

① "팀의 전문성과 경험이 사업 성공에 어떻게 기여하나요?"
- ○ **대응 전략**: 팀 구성원의 경력과 전문성을 강조하고, 포트폴리오와 성공 사례를 통해 신뢰를 얻는다. 각 구성원의 역할을 명확히 설명하며 팀워크의 강점을 부각한다.

② "예상되는 주요 리스크는 무엇이며, 이를 어떻게 관리할 계획인가요?"

○ **대응 전략**: 예상되는 리스크와 이를 해결하기 위한 대응 방안을 제시한다. 예를 들어, 대체 공급망 계획이나 기술적 문제 해결 전략을 구체적으로 설명한다.

(5) 산업별 예상 질문 및 대응 전략

① 헬스케어 산업

  ○ **"이 기술이 규제 요건을 충족하는 방식은 무엇인가요?"**
    - **대응 전략**: 인증 및 허가를 위한 준비 상태를 설명하고, 의료기기 인증(예: FDA, CE) 절차를 따른 사례를 제시한다.
  ○ **"환자 데이터를 어떻게 보호할 계획인가요?"**
    - **대응 전략**: 데이터 보안 체계와 개인정보 보호 규정을 준수하기 위한 구체적인 계획을 설명한다.

② ICT(정보통신) 산업

  ○ **"기술이 기존 네트워크와의 호환성을 어떻게 보장하나요?"**
    - **대응 전략**: 기존 표준과의 통합 가능성을 입증하며, 상호 운용성을 보장하기 위한 기술적 접근 방식을 제시한다.
  ○ **"사이버 보안 문제를 어떻게 해결할 예정인가요?"**
    - **대응 전략**: 보안 솔루션(예: 암호화, 방화벽)과 관련 정책을 상세히 설명한다.

③ 친환경/에너지 산업

  ○ **"이 기술이 얼마나 에너지 효율적입니까?"**

- **대응 전략**: 기술이 기존 대비 얼마나 에너지 절약 효과가 있는지 데이터로 입증한다.
  ○ "환경에 미치는 영향을 어떻게 줄일 계획인가요?"
    - **대응 전략**: 재활용 가능 소재 사용, 탄소 배출 저감 계획 등을 구체적으로 설명한다.

④ 소비재 산업
  ○ "제품이 고객 충성도를 어떻게 높일 수 있습니까?"
    - **대응 전략**: 고객 맞춤형 서비스와 지속적인 고객 피드백 반영 계획을 설명한다.
  ○ "시장 점유율을 확대하기 위한 전략은 무엇인가요?"
    - **대응 전략**: 경쟁사 분석을 바탕으로 한 마케팅 및 유통 전략을 제시한다.

(6) 심사에서 효과적인 대응 전략

① 명확하고 간결한 답변 준비
  ○ 질문에 대한 답변을 간결하고 명확하게 준비하며, 핵심 메시지를 전달한다.
  ○ 필요시 자료(슬라이드, 보고서 등)를 활용하여 시각적으로 설명한다.

② 팀원 간 역할 분담
  ○ 예상 질문에 따라 팀원 간 답변 영역을 분배하고, 각각의 전문성을 살려 답변한다.

③ **자료의 체계적 정리**
- 심사 과정에서 질문에 필요한 자료를 빠르게 제시할 수 있도록 자료를 체계적으로 정리한다.

④ **모의 심사 연습**
- 실제 심사와 유사한 환경에서 모의 심사를 진행하여 질문에 대비하고, 답변의 일관성과 정확성을 검토한다.

⑤ **추가 자료 준비**
- 예상하지 못한 질문에도 대비하기 위해 백업 자료를 준비한다. 예를 들어, 심화된 기술 질문에 대응할 상세 도면이나 보고서를 준비한다.

예상 질문에 대한 철저한 준비와 전략적 대응은 심사 과정에서 신뢰를 얻는 중요한 요소이다. 예상되는 질문에 대해 명확하고 설득력 있는 답변을 준비하고, 이를 체계적으로 전달하는 것이 핵심이다. 특히, 심사자의 관심사와 우려 사항을 사전에 파악하여 맞춤형 대응 전략을 수립하는 것이 필요하다.

구체적인 사례를 통해 사업의 혁신성과 시장성을 입증하고, 예상 질문에 대한 답변을 데이터와 통계로 보강하면 신뢰를 크게 높일 수 있다. 또한, 팀워크와 전문성을 강조하여 팀이 사업 성공을 이끌어 낼 수 있는 역량을 심사자에게 확신시켜야 한다.

결국, 철저히 준비된 자료와 실질적인 사례, 그리고 자신감 있는 태도로 심사에 임한다면, 평가자와 투자자에게 사업의 가능성을 명확히 전달하고 성공적인 결과를 이끌어 낼 수 있을 것이다.

5장

업종별 사업계획서 작성 예시

청년창업사관학교
합격노트

사업계획서는 창업의 시작점에서 가장 중요한 문서로, 사업의 가능성과 방향성을 명확히 전달하는 역할을 한다. 그러나 모든 업종이 동일한 방식으로 작성될 수는 없다. 각 업종은 고유한 특성과 시장 요구를 가지며, 이를 반영한 맞춤형 사업계획서 작성이 필요하다.

　본 장에서는 플랫폼 사업, 제조업, 식품 산업, 공예 및 디자인이라는 네 가지 주요 업종에 대해 사업계획서를 작성하는 방법을 제시한다. 각 업종의 특징과 시장 트렌드를 반영한 실질적인 작성 팁과 성공 사례를 통해 창업자가 효과적으로 사업을 계획하고 심사 과정에서도 경쟁력을 가질 수 있도록 돕는다.

　독자는 본 장을 통해 업종별로 사업계획서를 작성하는 데 필요한 핵심 요소를 파악하고, 각 업종의 특성에 맞는 전략을 수립할 수 있을 것이다. 창업 과정에서의 방향성과 성공 가능성을 높이는 데 실질적인 가이드가 되기를 기대한다.

5-1
플랫폼 사업

플랫폼 사업은 사용자와 공급자를 연결하는 중개 역할을 중심으로 발전하며, 네트워크 효과와 기술적 혁신을 통해 시장에서 빠르게 성장할 수 있는 잠재력을 가진다. 플랫폼은 디지털 전환의 핵심 동력으로 자리 잡으며, 기존 시장 구조를 혁신하는 동시에 새로운 경제적 가치를 창출한다. 사업계획서는 이러한 플랫폼의 가치를 명확히 전달하고, 투자자와 심사자를 설득하기 위한 핵심 도구이다.

성공적인 플랫폼 사업계획서는 사업의 명확한 비전을 제시하고, 목표 시장과 고객에게 플랫폼의 차별화된 가치를 전달하는 데 초점을 맞춘다. 본 장에서는 플랫폼 사업 특성과 성공 가능성을 고려한 체계적인 사업계획서 작성 방법을 구체적으로 설명한다.

1) 플랫폼 사업의 특징

플랫폼 사업은 다음과 같은 핵심 요소를 중심으로 작성해야 한다:

① 네트워크 효과:
- 플랫폼은 사용자와 공급자가 증가할수록 가치가 기하급수적으로 상승한다. 이는 플랫폼 성공의 가장 중요한 요소로, 초기 사용자 확보 전략이 필수적이다.
- 특히 플랫폼(양면시장)에서는 간접 네트워크 효과(Indirect Network Effect)가 중요한 경제적 현상으로 작용한다. 이는 서로 다른 이용자 집단 간의 상호작용을 통해 플랫폼의 가치가 증가하는 효과를 의미한다. 플랫폼에는 일반적으로 수요측 이용자(소비자)와 공급측 이용자(판매자)라는 두 가지 주요 이용자 그룹이 존재하며, 한쪽 이용자 집단의 증가가 다른 이용자 집단의 증가를 유도하면서 전체 플랫폼의 가치가 상승하는 구조를 형성한다.
- **공급자 증가**
  판매자가 많아지면, 상품의 종류가 다양해지고 가격 경쟁이 발생하여 소비자에게 유리한 조건이 형성된다.
- **소비자 증가**
  더 많은 소비자가 해당 플랫폼을 이용하면, 공급자에게 더 많은 판매 기회가 제공된다.
- **선순환 효과**
  소비자와 공급자가 서로 영향을 주며 지속적으로 증가하는 선순환 구조가 형성된다. 이러한 흐름을 교차 네트워크 효과(Cross-Side Network Effect)라고 하며, 플랫폼의 성장을 촉진하는 핵심 동력으로 작용한다.

② 데이터 활용:
- 플랫폼은 데이터를 분석하여 맞춤형 서비스를 제공하고, 사용자 경험(UX)을 최적화한다. 데이터 활용은 경쟁력을 강화하는 동시에 사용자의 플랫폼 충성도를 높이는 데 기여한다.
- **개인화된 서비스 제공**
  수집된 데이터를 기반으로 사용자의 행동 패턴, 선호도, 구매 이력을 분석하여 개인 맞춤형 추천 서비스를 제공할 수 있다. 이는 사용자 만족도를 높이고 재방문율을 증가시킨다.
- **운영 효율성 강화**
  데이터 분석을 통해 플랫폼의 운영 프로세스를 최적화하고, 불필요한 비용을 절감할 수 있다. 예를 들어, 트래픽 패턴 분석을 통해 서버 자원을 효율적으로 분배하거나, 사용자 이탈 원인을 파악하여 개선 방안을 마련할 수 있다.
- **시장 예측 및 전략 수립**
  수집된 방대한 데이터를 분석하여 시장 트렌드와 소비자 니즈를 파악할 수 있으며, 이를 통해 새로운 비즈니스 기회를 탐색하고 전략적인 의사 결정을 지원할 수 있다.
- **실시간 피드백 및 개선**
  사용자 데이터와 피드백을 실시간으로 분석하여 서비스 품질을 지속적으로 개선하고, 사용자 요구에 신속하게 대응할 수 있다.

③ 유연한 수익 모델:
- 광고, 구독, 거래 수수료 등 다양한 수익 모델을 고려하고, 각 모델

이 플랫폼 성장에 어떻게 기여하는지 명확히 설명한다.

- **광고 기반 모델**

  플랫폼 내에서 광고를 게재하고, 광고주로부터 수익을 창출하는 모델이다. 사용자 트래픽이 많을수록 광고 수익이 증가하며, 타겟팅 광고를 통해 광고 효율성을 극대화할 수 있다.

- **구독 모델**

  사용자에게 일정 금액을 지불하도록 하고, 프리미엄 기능이나 콘텐츠를 제공하는 모델이다. 안정적인 수익 흐름을 확보할 수 있으며, 고객 충성도를 높이는 데 효과적이다.

- **거래 수수료 모델**

  플랫폼을 통해 이루어진 거래에 대해 일정 비율의 수수료를 부과하는 모델이다. 이 모델은 거래가 많아질수록 수익이 증가하는 구조로, 네트워크 효과와 긴밀하게 연계된다.

- **하이브리드 모델**

  여러 수익 모델을 결합하여 다양한 수익원을 확보하는 전략이다. 초기에는 광고와 거래 수수료 중심으로 운영하다가, 사용자가 증가하면 구독 모델을 추가하는 방식으로 확장할 수 있다.

- 플랫폼 수익 구조는 초기와 성장 단계에서 다를 수 있으므로, 단계별로 적용할 수익 모델과 그 효과를 명확히 제시해야 한다. 초기에는 사용자 기반을 확보하는 데 집중하고, 성장 단계에서는 다양한 수익 모델을 도입하여 수익성을 극대화할 수 있다.

④ **기술적 차별화:**
- 플랫폼의 기술적 독창성을 입증하는 것이 중요하다. 보안 강화, AI 기반 추천 시스템, 클라우드 기술 등 기술적 강점을 구체적으로 설명해야 한다.
- **보안 강화**
사용자 데이터 보호와 플랫폼의 신뢰성을 확보하기 위해 강력한 보안 기술을 도입해야 한다. 데이터 암호화, 이중 인증, 침입 탐지 시스템 등을 통해 보안 수준을 강화할 수 있다.
- **AI 기반 추천 시스템**
인공지능 기술을 활용하여 사용자에게 맞춤형 콘텐츠와 제품을 추천함으로써 사용자 경험을 향상시킬 수 있다. 이는 사용자 참여도를 높이고, 플랫폼의 경쟁력을 강화하는 데 기여한다.
- **클라우드 기술**
플랫폼의 확장성과 유연성을 확보하기 위해 클라우드 인프라를 활용할 수 있다. 클라우드 기술은 대규모 데이터를 효율적으로 처리하고, 빠른 서비스 제공을 가능하게 한다.
- **UX/UI 설계**
사용자 편의성을 높이는 직관적인 인터페이스와 디자인을 제공해야 한다. 사용자 경험(UX)을 최적화하기 위해 지속적인 테스트와 개선이 필요하며, 이는 사용자 충성도를 높이는 데 중요한 요소이다.
- **데이터 처리 효율성**
대규모 데이터를 빠르고 정확하게 처리할 수 있는 기술적 역량을 확보해야 한다. 이를 위해 빅데이터 분석, 분산 컴퓨팅, 고속 데이터베이스 등의 기술을 활용할 수 있다.
○ 이러한 기술적 차별화 요소는 플랫폼의 독창성을 강조하고, 경쟁 플랫폼과의 차별성을 명확히 할 수 있는 강력한 무기가 된다. 이를 뒷받침할 자료(예: 프로토타입, 기술 도면)를 첨부하여 신뢰성을 높여야 한다.

2) 플랫폼 사업계획서 작성 방법

① 사업 개요:

○ 플랫폼의 목표와 미션을 명확히 정의한다. 이를 통해 플랫폼이 해결하려는 문제와 제공하는 가치를 명료하게 전달해야 한다.

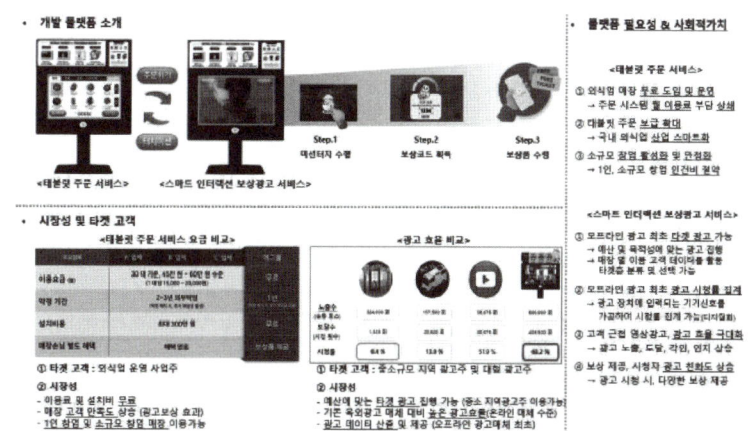

(사업개요)
본 아이템은 3살 이상의 반려동물에서 흔히 발생하는 치주질환을 조기에 검사하여 예방 및 관리를 위해 반려인에게 구강 상태 정보 및 솔루션을 제공하는 맞춤형 '**반려동물 구강 마이크로바이옴1) 서비스**'를 개발함

(핵심기술)
- 마이크로바이옴 빅데이터를 활용하여 민감도와 정확도가 높은 바이오마커 선정
- 기존 PCR과 달리 DNA의 독립적 증폭 수행을 통해 정확한 양적 분석이 가능한 디지털인 분자 생물학적 기술인 dPCR을 활용하여 빠르고 정확한 결과 도출
- 단계별 솔루션을 제공하는 혁신적인 반려동물 구강 마이크로바이옴 서비스 모델 개발

(핵심서비스)
- 반려동물 종, 나이, 특성 등 맞춤형 검사리포트 및 관리 솔루션 제공
- 구강 건강 모니터링 구독 서비스 제공
- 동물병원, 사료 및 건강 관리 제품 연계 서비스

(소비자층 및 사용처)
- 반려동물 애호가 : 반려동물 양육하면서 스마트폰과 디지털 환경에 익숙한 20대~50대
- 반려동물 제품 취급처 : 반려동물 구강 관리 제품 판매 기업 및 온라인 쇼핑몰
- 반려동물 보험 취급처 : 보험 가입 전 구강건강검진 실행, 펫보험 회사의 구강 건강관리상품

② **시장 분석 및 진출전략:**

- ○ TAM, SAM, SOM 분석을 통해 플랫폼이 타겟으로 하는 시장의 크기와 성장 가능성을 구체적으로 제시한다. 이는 플랫폼이 얼마나 큰 기회를 가지고 있는지를 입증하는 데 필수적이다.
- ○ 플랫폼의 주요 수익원을 명확히 제시하고, 각 모델이 수익 창출에 어떻게 기여할 것인지 설명한다.

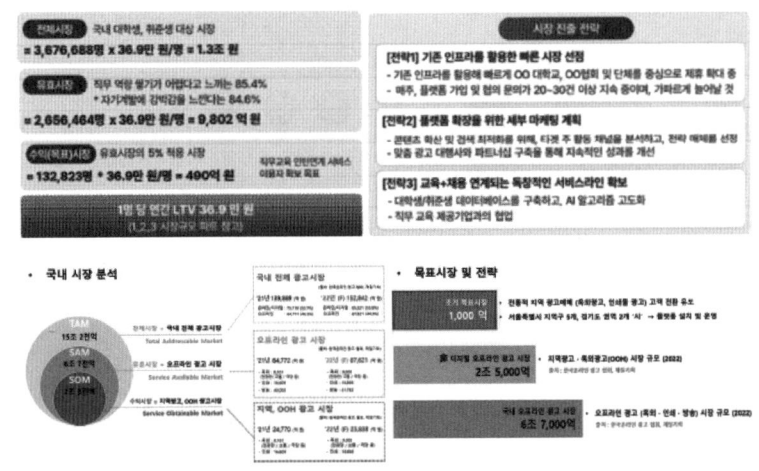

③ 기술적 차별화:

o 플랫폼의 기술적 강점을 강조하며, 사용자 경험(UX)을 최적화하고 데이터 보안을 강화하는 방안을 구체적으로 제시한다.

(메타유전체 분석을 통한 상관관계 검증 및 미생물 표준화 데이터 보유)
구강 내에서 이루어지는 대표적인 반려동물 미생물 대사 경로에 대한 조사 및 유전자 기능 정보 수집을 통해 구강 내 미생물의 다양성과 기능에 대한 표준화된 데이터를 확보하고 있음
(검체 보존 완충액 제조기술 보유)
자사가 개발한 보존 완충액을 활용하여 구강 검체의 오염방지, 실온보관/이동, 핵산보존 등이 용이하며 이에 따라 검체 재채취/재검사율은 현저히 감소하고 검사 정확도/신뢰도는 증가함
(데이터 분석 중심의 전략)
데이터 분석 중심의 전략을 통해 얻은 결과물을 신속하게 해석하고, 의미 있는 정보로 전환하는 능력을 보유하여 사업적 가치 창출에 큰 차별성을 부여할 것임

o 핵심 차별화 포인트 (생성형 AI기반 직무교육)
 - <u>기업들이 제시한 직무에 대한 교육 및 커리큘럼을 개발</u>하고, 이를 기반으로 대학생, 취준생에게 맞춤 교육 진행 및 직무 역량 평가하여 <u>우수 인재 인턴 연계 서비스를 제공</u>
 - 트티는 플랫폼을 기반으로 채용 매칭뿐만 아니라 직무 교육을 필두로 한 <u>다양한 사업 영역으로 확장이 쉬운</u> 모델
 - 4가지 핵심기술 개발을 기반으로 인재 평가와 기업 맞춤 인재 매칭에 <u>투입되는 리소스 최소화할 계획</u>

④ 운영 전략:

o 초기 사용자 확보 방안과 지속적인 네트워크 성장 전략을 제시한다. 사용자와 공급자의 균형을 맞추는 실행 가능한 전략을 포함해야 한다.

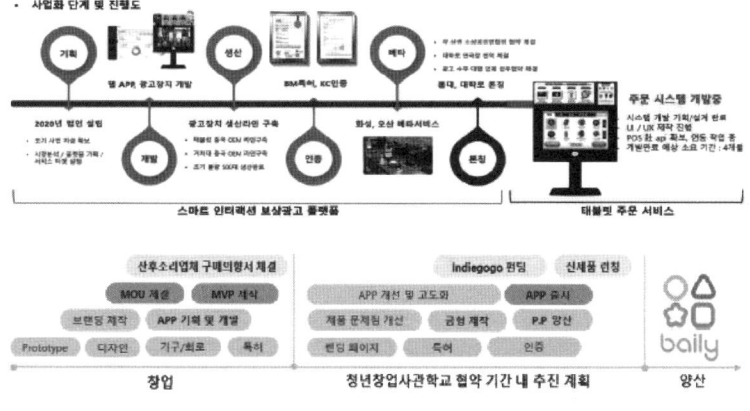

3) 작성 시 주의사항

① 사용자와 공급자 간 균형 유지:
- 초기에는 사용자와 공급자 중 어느 한쪽의 부족이 플랫폼 실패로 이어질 수 있으므로, 이를 해결하기 위한 실질적인 전략이 필수적이다. 균형을 유지하기 위해 초기 사용자를 대상으로 한 혜택 제공과 공급자를 위한 간소화된 등록 절차를 함께 진행해야 한다.

② 데이터 보안 강화:
- 플랫폼 사용자의 개인정보 보호와 신뢰 구축을 위한 명확한 데이터 보안 정책을 마련한다. 데이터 암호화 기술과 정기적인 보안 점검 계획을 포함해 사용자의 데이터를 안전하게 관리한다.

③ 현실적인 수익 모델 제시:
- 플랫폼의 초기 비용과 수익 구조를 현실적으로 평가하여 투자자와 심사자에게 신뢰를 준다. 과도한 수익 예측보다는 단계별 성장 목표를 제시하는 것이 중요하다.

④ 위기 관리 계획:
- 플랫폼 운영 중 예상되는 리스크(예: 사용자 이탈, 기술 장애)에 대한 대응 전략을 마련해야 한다. 예를 들어, 사용자 피드백 시스템 도입과 백업 서버 구축을 통해 긴급 상황에도 운영을 지속할 수 있도록 준비한다.

플랫폼 사업계획서는 사용자 경험, 데이터 활용, 기술적 차별화를 중심으로 작성되어야 한다. TAM, SAM, SOM 분석 데이터를 통해 시장성을 입증하고, 구체적인 실행 전략과 기술적 독창성을 강조해야 한다. 철저히 준비된 사업계획서는 플랫폼 사업의 성공 가능성을 극대화할 뿐만 아니라, 투자자와 심사자들에게 플랫폼의 가치를 명확히 전달할 수 있다. 현실적인 수익 모델과 실행 계획을 기반으로 작성된 사업계획서는 플랫폼의 장기적인 성장을 보장할 수 있다.

5-2
제조업

　제조업은 제품의 생산과 공급을 중심으로 고객에게 실질적인 가치를 전달하는 업종으로, 경제와 산업 전반에 걸쳐 중요한 위치를 차지한다. 제조업의 성공은 생산 공정의 효율성과 품질 관리, 그리고 공급망 관리에 의해 결정된다. 제조업 사업계획서는 생산부터 유통에 이르는 전 과정을 체계적으로 제시하여 투자자와 심사자에게 사업의 가능성과 수익성을 입증하는 도구로 활용된다.

　제조업은 전통적인 산업 구조 속에서도 기술 혁신과 지속 가능한 운영 방식을 통해 새롭게 발전할 가능성을 가지고 있다. 본 장에서는 제조업의 특성과 이를 반영한 체계적인 사업계획서 작성 방법을 다룬다. 효율적인 운영 전략, 재무 계획, 팀 구성 등 각 항목에서 요구되는 핵심 요소를 상세히 설명하며, 성공적인 제조업 사업계획서 작성의 길잡이가 될 것이다.

1) 제조업의 특징

　제조업 사업계획서에서는 다음과 같은 요소가 중요한 역할을 한다:

① 공정 효율성:
- 생산 공정을 최적화하고, 비용을 절감하며, 낭비를 최소화하는 전략이 필요하다. 이는 제조업에서 가장 중요한 경쟁 요소 중 하나다.

② 품질 관리:
- 제품 품질은 제조업의 신뢰성과 브랜드 가치를 결정짓는다. 일정한 품질을 유지하기 위해 품질 관리 시스템을 설계하고, 이를 통해 품질 보증을 입증해야 한다.
- ISO 인증과 같은 국제 품질 기준을 충족하는지 여부를 포함하여, 품질 개선을 위한 지속적인 노력을 강조한다. 품질 관리 시스템의 구체적인 운영 방안과 주요 성과 지표(KPI)를 포함하여 명확히 제시한다.

③ 공급망 관리:
- 원자재 공급, 생산, 물류까지 이어지는 공급망의 효율성을 증명해야 한다. 안정적인 공급망은 생산 차질을 방지하고 운영의 안정성을 보장한다.
- 예상치 못한 리스크를 대비한 대체 공급망 계획과 물류 최적화 방안도 포함한다. 지역 및 국제 공급망 연결성, 협력사와의 장기 계약 전략을 명시하여 안정성을 강조한다.

④ 환경 및 지속 가능성:
- 환경 보호와 지속 가능한 생산 방식은 현대 제조업에서 필수적인

요소다. 에너지 효율성 개선과 재활용 소재 활용 등 친환경 전략을 계획에 포함해야 한다.
○ 탄소 배출 저감 목표, 재생 가능 에너지 활용 계획, 친환경 인증 획득 목표 등을 명시하여 브랜드 가치를 높이는 데 중점을 둔다.

2) 제조업 사업계획서 작성 방법

① **사업 개요:**
○ 제조하려는 제품의 주요 특징과 이를 통해 해결할 수 있는 고객 문제를 명확히 서술한다. 이 섹션은 제품의 차별성과 시장에서의 강점을 강조하는 데 초점을 맞춘다.

특허받은 다기능 통합 기술을 적용한 집중력 향상 프리미엄 독서대

1. 핵심 기능
- **다기능성:** 당사의 독서대는 특허받은 회전형 트레이를 포함하여 필기구 수납, 컵 홀더, 휴대폰 및 태블릿 거치대 등의 다양한 기능을 하나의 제품에서 제공합니다.
- **집중력 향상 및 학습 효율 증진:** 다양한 기능을 통해 정돈된 환경을 제공하고 불필요한 움직임을 줄여, 사용자의 독서 및 학습 환경을 혁신적으로 개선합니다.
- **휴대성 및 보관 용이성:** 접이식 구조로 설계되어 휴대와 보관이 용이합니다.
- **디자인:** 곡선의 부드러움과 나무의 따뜻한 감성을 강조한 디자인으로, 독서의 즐거움을 향상시킵니다.

· New Space 시대 많은 발사체 기업이 탄생했지만 여전히 SpaceX의 의존도가 높음. 많은 위성 고객이 저렴한 발사 비용을 원하나 발사체 기업들은 경제적 자립성이 떨어져 발사 비용이 비싼 소형 발사체밖에 개발할 수 밖에 없었음.
· 메탈 프린터를 개발하여 근본적으로 비효율적이었던 로켓 생산 과정을 개선하여 발사 비용을 대폭 절감할 수 있음. 또한, 메탈 프린터를 단기간내 판매함으로써 더 이상 외부 자금에 의존하지 않도록 경제적 자립도 가능함.
· Gantry-Laser 기반의 메탈 프린터를 개발함으로써 저렴하고 좋은 품질의 생산이 가능한 메탈 프린터를 개발할 수 있음. 또한, 대부분의 기술을 독자 개발하여 더욱 품질 관리 및 메탈 프린터 기술 고도화에 유용함.

② 시장 분석:
○ 목표 시장의 규모와 성장 가능성을 구체적으로 제시한다. 경쟁사 분석을 통해 제품의 차별성과 시장 내 강점을 설명하며, 시장 내 공백을 채울 수 있는 전략을 제시한다.

구 분	총기장착형 광원 업그레이드		스마트 밀스펙 전력지원 체계	
	국 내	해 외	국 내	해 외
전체시장 (TAM)	150만 정 (9000억 원)	4억 정 (240조 원)	200만 명 (2000억 원)	7700만 명 (7조 7천억 원)
유효시장 (SAM)	15만 정 (900억 원)	400만 정 (2.4조 원)	20만 명 (200억 원)	77만 명 (770억 원)
수익시장 (SOM)	1만 5천 정 (90억 원)	40만 정 (2400억 원)	2만 명 (20억 원)	7.7만 명 (77억 원)
판매 전략	- 해외 총기 Distributor의 유통망을 이용하여 판매			
	- 국내 대 정부 기관 영업을 통해 소부대 -> 대부대 단위 계약 체결		- 아마존, Ebay 플랫폼 이용 소비자 직접판매	

○ **시장 규모**
  - 2022년 기준 **세계 140조** (국내 **6조 5천억원**, CAGR: 4.2 %)
  - 당사 주 타겟 시장: **무기 금속 표면처리**(91.05%) 중 **표면연마 시장**(16.69%)
○ **비즈니스 모델**
  - 수요 및 잠재 고객의 **임가공 수주** 및 자체적 표면연마 수행 기업에 대한 **제품 판매**
○ **신장진입 및 사업화 전략**
  - 세부고객 분류 : 소재, 크기, 형상 등의 지표를 기준으로 **임플란트, 반도체, 청정내부배관**과 같은 소재/부품 군의 표면연마 수요가 존재하는 기업의 분류
  - 잠재 수요기업 접촉을 통해 자성연마기술 수요 **확인 및 개발의뢰**를 받아 테스트를 포함한 연구개발 진행 중(MTIG, 피티앤케이, HKC)

③ 운영 전략:
○ 생산 공정, 품질 관리, 공급망 관리의 세부 계획을 상세히 설명한다. 효율성을 높이고, 운영 리스크를 줄이는 방법을 구체적으로 기술한다.

o 각 모듈 우선 개발 ⇒ 통합형 모듈형 도크 시스템 순으로 개발 진행 예정.
(단, 시장 니즈 및 Target 변경에 따라 모듈 우선순위는 변동 가능)
- 모듈①: 안전사고 예방 솔루션
- 모듈②: 현장 시공이 최소화된 사전조립 간편설치형 모듈형 도크 시스템
- 모듈③: 단열 및 실링 효과가 최대화된 이중도어 및 에어 쉘터/커튼형 모듈형 도크 시스템
- 최종 결과물: 완성된 모듈을 통합한 "통합 모듈형 도크 시스템" 제작.

추진 내용	세부 내용
결합형 자성연마재 제조 공정 및 장비 구축	- 자성체, 연마재, 바인더 등 원재료 후보군 선정 - 자성연마재 합성 공정 장비 구축 - 습식 과립화 공정 변수 탐색 (크기, 배합비, 점도 등) - 제조된 자성연마재 분석 (미세구조, 자성특성)
자성 연마 테스트 장치를 이용한 효과 검증	- 외주용역을 활용한 진동운동장치 제작 진행 - 3D 모델링 및 프린팅 통한 챔버 및 지그 제작 - 설계된 자기회로 적용 및 자력 측정 - 특허 출원 의뢰 및 진행 (자기 진동 연마 장치 10-2023-0164126)
자성 연마시스템 작동 검증	- 난가공성 타이타늄 시편 준비 (사출성형품, 플레이트) - 주파수, 진폭, 시간 등에 따른 영향 고려 - 연마 후 시편에 대한 분석 (광학현미경, 거칠기측정)

④ 재무 계획:

o 초기 투자, 생산 비용, 예상 매출, 수익성을 포함한 재정 계획을 명시한다. 수익성과 투자 대비 회수 기간을 구체적으로 서술하여 신뢰를 높인다.

o 기술개발 연구 용역을 통한 추가 자본금 조달

한양대	- 금속기재의 표면처리 및 TEM 시편 가공, 자성재료 개발 연구 용역 수주
한국공학대	- 전고체전지 연구 랩의 지그, 편처 등의 표면처리 연구 용역 수주
한국산업기술시험원	- 환경, 역학, 수명 시험 제품의 표면처리 연구 용역 수주
주식회사 엠티아이지	- 타이타늄 분말 사출성형 제품의 표면처리 연구 용역 수주 - 타이타늄 재료 적용 임플란트 제품의 검사, 표면처리 연구 용역 수주
주식회사 에치케이씨	- 화학플랜트 및 선박의 유체제어 Actuator 내부 표면처리 연구 용역 수주 (AI계 및 탄소강계)

구분	1차년 (2024년)	2차년 (2025년)	3차년 (2026년)	4차년 (2027년)	5차년 (202년)
조달 자금	2천만원	5천만원	1억원	2억원	5억원

o 투자 유치(TIPS 포함)를 통한 자금 확보

구분	1차년 (2024년)	2차년 (2025년)	3차년 (2026년)	4차년 (2027년)	5차년 (202년)
목표 투자금	-	1억원	5억원	10억원	30억원

비 목	산출근거	금액(원)		
		정부 지원금	대응자금 (현금)	대응자금 (현물)
재료비	ISO규격 폐 플라스틱 구매(1,300원/kg x 10MT)	10,000,000	3,000,000	-
	공구 및 연구개발 소모품	9,000,000	900,000	-
외주용역비	- 시금형 제작 외주 용역 - 액세서리 제품, 패키징 (3단/4단 금형- 6건) - 시금형 수정(본체 몰드 수정) - 제품 조립 및 포장비	36,000,000	7,100,000	
지급수수료	- 나라장터 엑스포, 인테리어 및 리빙 페어 참여 (2회 x 200만원)	5,000,000	1,000,000	
인건비	- 정규직 디자인, 영업 인력 2명 추가 채용 - 비상시 마케팅, 물류 인력 4명 추가 고용	35,000,000	1,400,000	28,500,000
여비	- 국내 여비 (10만원 x 3인 x 20회)	5,000,000	1,000,000	
합 계		100,000,000	14,400,000	28,500,000

⑤ 팀 구성:

○ 제조 공정과 품질 관리를 책임질 핵심 인력의 전문성을 강조한다. 이 섹션은 팀원들의 경력과 기술력을 부각하여 사업의 실행력을 입증한다.

○ 직원 현황 및 역량

순번	직급	성명	주요 담당업무	경력 및 학력 등	채용 연월	일자리 안정자금 수혜여부
1	COO	김영희	경영 및 로켓 개발	- 항공우주공학 학사 재학 중 - 400N급 고체 로켓 엔진 개발 - 교내 창업아이디어 경진대회 총장상	완료	X
2	PM	이철수	로켓 개발 총괄	- 항공우주공학 학사 재학 중 - 400N급 고체 로켓 엔진 개발 - 교내 창업아이디어 경진대회 총장상	완료	X
3	Engineer	홍길동	점화기 개발	- 항공우주공학 학사 재학 중	완료	X
4	Engineer	김대한	레이저 제어 및 AOCS 개발	- 기계공학 재학 중 - 3D프린터/드론 관련 특허 2건, 그 외 특허 3건 보유	팀원 → 24.02	X

○ 추가 인력 고용계획

순번	주요 담당업무	요구되는 경력 및 학력 등	채용시기
1	제어/자동화 기술 개발	컴퓨터공학과 또는 통계학과, 데이터 분석(Python, 머신러닝) 역량 보유	'24.05
2	설계 및 기능 분석	기계공학과, 유한요소해석 역량 보유, 3D CAD(CATIA, AUTOCAD) 설계 역량 보유	'24.07
3	국내외 영업	국내/해외 영업 본부 출신 경력 보유	'24.11

⑥ 기술 혁신 계획:

- ○ 제조 공정에 적용될 기술과 이를 통해 얻을 수 있는 효율성을 설명한다.

- ○ 총기 장착형 광원 업그레이드
  - 「현재 진행 중 구조 설계」: 스위치 부 디자인 변형, 피카트리 레일 마운트 결합부 변형, 레이저 표적 지시기 모듈 소형화, 마디 소형화를 중점으로 설계 변경
  - 「1단계」 모듈 테스트 : 레이저 모듈, 스위치 모듈 등은 신규 부품업체와 소형화된 제품 선별 테스트
  - 「2단계」 외주 목업 및 시제품 제작 : 제품 구조설계의 변경과 각 모듈 선정 완료 시 해당 제품에 대한 외주 목업 제작을 진행할 예정이며, 이후 테스트 및 수정을 자체적으로 진행하여 2, 3차 시제품을 제작할 예정

- ○ 자성연마시스템 개발 현황
  - 양산에 적용 가능한 장치 설계 및 제작을 진행하여 **입도 선별/제어 유닛, 바인더 분사 유닛, 습식과립화 장치 구축** 완료
  - 자성연마 테스트 베드를 통해 연마 효과 확인 **(타이타늄 소재, 사출부품 및 플레이트)**
  - 자성연마시스템 관련 **특허 출원 완료 (자기 진동 연마 장치, 10-2023-0164126)**

3) 작성 시 주의사항

① 현실적인 운영 계획 수립:

- ○ 지나치게 이상적인 계획 대신, 실행 가능한 전략을 제시해야 한다. 예산과 리소스를 과대평가하지 않고, 예상 비용과 수익을 현실적으로 평가해야 한다.
- ○ 주요 비용 항목과 예상 자금 조달 방법을 명시하여 실현 가능성을 높인다.

② 환경 및 규제 준수:

- ○ 제조업에서 필수적인 환경 보호 및 법적 규제 준수 계획을 포함해야 한다. 지역별 규제 요건과 국제 인증 기준을 충족하는 계획을 세

부적으로 서술한다.
- ○ 규제 준수 실패로 인한 리스크를 방지하기 위한 사전 점검 계획을 포함한다.

③ **위기 관리 전략:**
- ○ 원자재 공급 부족, 생산 공정 장애 등 예상되는 리스크를 대비한 대체 계획을 포함한다. 이 섹션은 투자자들에게 사업의 안정성을 강조하는 중요한 부분이다.
- ○ 대체 공급망 확보 및 긴급 상황 대응 매뉴얼을 구체적으로 서술한다.

④ **지속 가능성과 사회적 책임:**
- ○ 친환경 정책과 사회적 책임(CSR) 활동 계획을 포함하여 브랜드 가치를 높인다. 이는 기업의 장기적인 성공 가능성을 강화하는 요소다.
- ○ 지속 가능한 비즈니스 모델을 통해 기업의 사회적 가치를 강조한다.

제조업 사업계획서는 생산 공정, 품질 관리, 공급망 관리, 그리고 지속 가능성을 중심으로 작성되어야 한다. 각 섹션에서 구체적 데이터를 통해 신뢰성을 높이고, 현실적이면서도 성장 가능성을 보여 줄 수 있어야 한다. 또한, 최신 기술 도입과 친환경 전략을 통해 투자자와 심사자들에게 사업의 미래 지향성을 전달해야 한다.

철저히 준비된 사업계획서는 제조업 사업의 성공 가능성을 극대화할 뿐만 아니라, 기업이 장기적으로 경쟁력을 유지할 수 있는 기반을 마련한다. 또한, 이 과정에서 사회적 책임을 강화하며, 지속 가능한 성장을 이끌어 낼 수 있다.

5-3

식품 산업

　식품 산업은 소비자들의 일상적인 수요를 충족시키는 핵심 업종으로, 맛과 품질뿐만 아니라 안전성과 지속 가능성이 중요한 성공 요인이다. 건강과 환경을 중시하는 소비 트렌드가 강화됨에 따라, 식품 산업에서의 경쟁력은 이러한 요구를 충족시키는 차별화된 전략에 달려 있다. 사업계획서는 제품의 독창성, 시장 접근 전략, 품질 관리 방안을 체계적으로 제시하여 투자자와 심사자의 신뢰를 얻는 데 필수적이다.

　식품 산업의 사업계획서는 건강, 지속 가능성, 그리고 최신 소비 트렌드라는 세 가지 주요 축을 중심으로 작성되어야 한다. 성공적인 사업계획서를 작성하기 위해 필요한 시장 분석, 운영 계획, 마케팅 전략 등을 다루며, 식품 산업 특유의 기회와 도전 과제에 대한 통찰을 제공한다. 이는 기업이 시장에서 차별화된 경쟁력을 확보하고, 지속 가능한 성장을 이끌어 내는 데 중요한 지침이 된다.

1) 식품 산업의 특징
① 고객의 건강과 안전:
　○ 식품의 안전성과 품질은 소비자의 신뢰를 얻는 데 가장 중요한 요

소이다. HACCP와 같은 품질 관리 인증과 식품 안전 표준 준수를 통해 신뢰를 구축해야 한다.
- ○ 식품의 원재료부터 유통까지의 모든 과정에서 투명성과 품질 관리를 강화하여 고객 만족도를 높인다.

② **지속 가능성:**
- ○ 지속 가능한 재료 사용과 친환경 포장은 현대 소비자의 주요 요구 사항이다. 탄소 발자국 저감 및 윤리적 공급망 관리가 강조된다.
- ○ 지역 농산물을 활용한 공급망 전략과 재활용 가능한 포장재 사용 등 지속 가능성 측면에서의 실질적인 계획을 포함한다.

③ **트렌드 적응력:**
- ○ 건강 중심의 식품, 비건 제품, 저칼로리 간편식 등 최신 소비 트렌드에 민첩하게 대응해야 한다.
- ○ 소비자의 취향과 라이프스타일 변화를 빠르게 반영하여 신제품 개발 및 프로모션 전략을 세운다.

④ **글로벌화와 현지화의 조화:**
- ○ 해외 시장 진출을 목표로 할 경우 현지 시장의 특성과 규제를 반영한 현지화 전략이 필요하다.
- ○ 국내외 시장에서 브랜드 가치를 일관되게 유지하며, 각 시장의 문화적 특성을 존중한 제품 라인업을 구성한다.

2) 식품 산업 사업계획서 작성 방법

① 사업 개요:

o 제품의 주요 특성과 가치를 명확히 서술한다. 건강과 환경을 중시하는 소비자들에게 어필할 수 있는 메시지를 포함해야 한다.

- 코로나-19 대유행 이후 사람들의 **면역력에 대한 관심** 및 **식습관 개선 노력 증가**
- 버섯류의 **면역증강 효과 기능**을 활용한 기능성 **면류 식품 제조**
- 기능성 면류식품에 관심을 가지는 **3040세대** 및 K-Food에 열광하는 **중화권시장** (중국, 대만, 싱가폴, 홍콩, 말레이시아, 인도네시아 등) 확대
- 농촌융복합기능을 활용한 **지속가능한 농업 & 농촌지역사회 부가가치 창출**
- 폐기 농산물의 양을 감소시켜 지속가능한 농촌을 위한 **ESG경영** 실행
- 경기도 안성시 건강한 면류 관내 & 관외 **공공급식 제공**

대체당으로 당질 저감화한 저당 디저트와 대체 식물성 원료 양산화 하여 대중화한 비건 디저트 개발

잦은 카페 이용과 디저트 섭취로 인한 당뇨 취약층이나 고위험군 등 당류 섭취에 유의해야 하는 소비자들을 위한 대체 원료 기반 비건 및 저당 디저트 개발 및 공급

- 식물성 원료, 병아리콩을 가열하여 얻어낸 콩물 아쿠아파바로 계란 흰자 대체
- GI지수 40의 비정제원당으로 당을 대체한 비건 저당 마카롱 식품 개발 및 생산 품질 개선
- 로우스펙 마카롱을 필두로 고령친화식품 케어푸드라인, 비건 라인, 로우스펙 라인을 10개 이상 개발 목표
- 식물성 유제품 등의 대체 식품으로 가치소비를 실천하고자 하는 친환경 소비 계층이나 디저트를 소비하고자 하는 당뇨 취약층 등의 수요 충족하고자 함

② 시장 분석:

o 목표 시장의 크기와 성장 가능성을 구체적으로 제시한다. 소비자 행동 데이터를 활용하여 타겟 고객층을 정의하고, 이들의 니즈를 파악한다.

○ 비즈니스 타켓 : 웰니스 시장

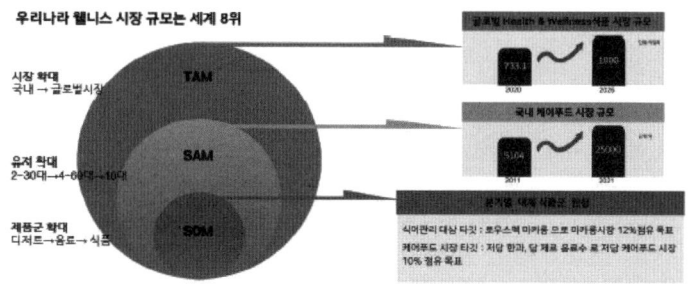

목표시장 : 5조(국내), 50조(해외)의 간편식/건강식 시장
- 가치소비를 추구하는 젊은층, 다이어터, 간편하고 건강한 음식을 찾는 1인 가구 및 고령자

③ 제품 개발 및 품질 관리:

○ 제품의 레시피, 생산 공정, 품질 보증 체계를 상세히 설명한다. 안전성 확보와 품질 일관성을 위해 필요한 인증 계획과 지속적인 개선 목표를 포함한다.

<청년형구농장 면역력 강화 기능성 시제품 예상 이미지>

○ 청년농업인이 직접 재배하는 표고버섯 활용으로 폐기 농산물 수(**연간 6톤**) 감소 효과   <형구농장, 2023>
○ 고객의 니즈를 맞춰 버섯류의 향과 맛을 살린 건강한 **기능성 면류 제품** OEM 생산(국수, 칼국수, 수제비, 소면, 생면 등)
○ 3040세대 1인 가구의 증가로 불규칙적인 식습관을 **균형적인 영양 섭취식습관으로 개선** 가능
○ 농촌융복합사업을 통해 기능성 면류와 농장 자원 환경 및 농촌 주변 경관을 활용한 농촌체험서비스 제공으로 **지역경제활성화 기여**(사회적 가치 실현)

o 저열량·저지방 식물성(쌀) 아이스크림 제조 기술 확보

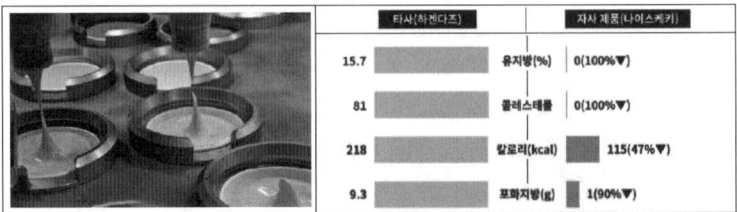

- 팽화(뻥튀기)된 쌀 전분의 점도를 활용해 유제품(동물성) 아이스크림의 식감을 구현한 식물성 아이스크림 **제조 기술 특허 등록(출원번호: 10-2023-0032944)**
⇒ 유통 과정의 반복적인 냉·해동에도 쫀득하고 부드러운 아이스크림 상품성 유지
- **유제품이 들어간 타사(하겐다즈) 아이스크림 대비 칼로리(열량) 최대 47%, 포화지방 90% 절감, 콜레스테롤 0%로 영양성분 개선 완료**

o 제조공정

1단계: 쌀 수급	2단계: 쌀 분쇄 가공	3단계: 아이스크림 제조
해남 옥천농협 RPC(쌀 가공장) 잉여쌀 수급 MOU 체결 완료	곡물가공업 OEM 협력사 팽화(뻥튀기) 후 알파미분 가공	아이스크림 제조업 OEM 협력사 비밀유지 및 독점생산 계약 완료

- 해남의 깨지거나 덜 여문 잉여쌀 수급 ⇒ **기존 가격 대비 50% 이상 원가 절감**
- OEM 제조 협력사 제조방법 비밀유지 및 유사제품 독점생산 계약 완료

④ 운영 전략:

o 원재료 공급망 관리, 생산 공정 효율화, 물류 계획을 포함한다. 원가 절감을 위한 지역 농가와의 협력 방안이나 직거래 전략을 구체화한다.

o **버섯류의 면역증강 효과 기능을 활용한 기능성 면류 식품 제조**
  - 표고버섯을 함유한 면류식품 및 그 제조방법 **특허 등록(10-2632977)**
  - 버섯종균기능사('20), 버섯산업기사('22), 종자기사('23) **기술개발 자격증** 취득
  - 제품 생산을 위한 **종자관리사**(일반, 버섯)('23) 자격 취득
  - **기술개발 및 시제품 OEM 생산을 위한 업무파트너(협력기업) 섭외 완료**
  - 농촌융복합산업(6차 산업) 인증 경영체 등록('24) : 농림축산식품부에서 운영하는 **6차 산업 안테나숍**(하나로마트, 이마트, 롯데백화점, 현대백화점, 신세계백화점 등 전국 76개 매장) **입점자격 획득** <농림축산식품부, 2023>

○ 자체 공정 및 당질 저감 기술 개발

- 자사는 haccp 식품 공장, 브랜드, 제조 기술을 보유.
- 당질 저감화 기술을 통해 당과 칼로리를 낮추고 식이섬유와 단백질을 높인 제품을 개발하고 있음
- 마카롱을 시작으로, 도넛, 케이크 등을 추가 개발할 예정임
- 식물성 대체육이나 헬스케어, 제로슈가 등 한 가지의 제품만을 취급하는 타사 대비 비건식품, 제로슈가, 로우스펙, 케어푸드 4가지의 시장에 진출가능한 제품들을 보유하고 있음.
- 헬스케어 서비스 확장을 통한 판로 확대까지 다양한 확장성 보유

⑤ 마케팅 전략:

○ 소셜 미디어와 온라인 판매 채널을 활용한 고객 유입 전략을 설명한다. 고객 충성도 프로그램, 샘플 배포, 프로모션 등을 포함한다.

○ 펀딩, 온라인/오프라인 매체 모두 확보 후 <u>의료기관 입점 예정</u>

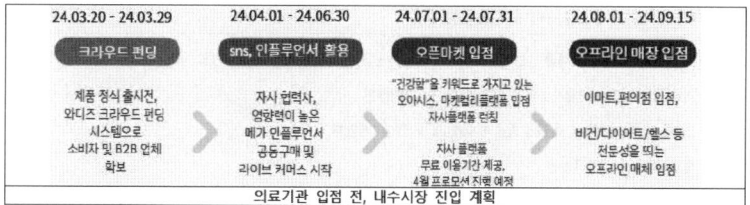

Ⓐ 자사 브랜드 팝업스토어 개최   Ⓑ 인증샷 전성시대에 발맞춘 새로운 트렌드 형성
Ⓒ SNS 및 인플루언서 적극 활용   Ⓓ 라이브커머스 시장 진입

○ 마케팅 전략 : 신규 고객 유입 & 기존 고객 재구매
  - **Unpaid 마케팅**
    • 청년헝구농장 농촌치유체험서비스를 이용하는 고객('23년 방문자 200명)들을 상대로 체험 및 수변 시민에게 공유하기 이벤트 마련
  - **Paid 마케팅**
    • 네이버(검색광고, 디스플레이) 광고 등 300만원 지출, 예상 CVR 6%, 예상 노출 3만3천명, 예상 도달 1만5천명, 예상 랜딩방문 4천명
  - **자체 SNS 콘텐츠 제작**
    • Instagram(1800명), FaceBook Page(6200명)에 매주 버섯류 기능성 면류 콘텐츠 1개 업로드

⑥ 재무 계획:

○ 예상 매출, 비용 구조, 투자 회수 기간(ROI)을 상세히 작성한다. 각 항목을 구체적인 데이터로 뒷받침하여 신뢰성을 높인다.

○ 매출 증대 방안

구분	내용	목표매출(천원)	비고
B2C	네이버 자사몰(스마트스토어) 성장	120,000	현재 매출성장률 200%
B2C	위수탁 판매처 추가 확보	180,000	현재 3개사 확보
B2B	직매입 거래처 추가 확보	400,000	현재 4개사 확보
수출	3개국(프랑스,영국,미국) 수출 예정	200,000	2개국(프랑스,영국) 샘플 발송 완료
	합계(천원)	900,000	

- 2024년 2분기 120ml 스몰컵 출시 ⇒ 급식 및 군납 유통 예정(PB 제조·납품 협의중)
- 2024년 3분기 초저칼로리 2종 출시 ⇒ 기존 B2B 및 추가 판매처 납품 예정(수요확인)
- **2024년 1월 현재 매출 5천만원 이상 확보 완료**

○ 자금 조달 계획 : 총 1억 9천 4백만원

- 개인 조달 현금 및 대출 : 20백만원 (보유 현금) + 30백만원 (서울시 중소기업 대출)
- 기존 제품 예상 매출 : 7백만원 * 9개월 = 63백만원
- 크라우드 펀딩 예상 매출 : 20$ * 500 ea = 약 11백만원
- 정부 지원금 : 70백만원

⑦ 팀 구성 및 역량:

○ 생산, 품질 관리, 마케팅을 책임질 핵심 인력의 전문성을 강조한다. 팀 구성원들의 경력과 성과를 부각하여 신뢰를 높인다.

○ 직원 현황 및 역량

순번	직급	성명	주요 담당업무	경력 및 학력 등	채용연월	일자리 안정자금 수혜여부
1	사원	김대한	컨텐츠 기획, 카피라이팅, 촬영 및 디자인	해외 심리학과 학사 사진기능사, VR 영상 제작 수료	'2X.12	O
2	사원	이민국	제품 생산 및 품질 관리	요식업 35년 경력	'2X.08	O

○ **추가 인력 고용계획**

순번	주요 담당업무	요구되는 경력 및 학력 등	채용시기
1	국내 마케팅	국내 빙과류 제조사 마케팅 경력 2년 이상	'24.9
2	해외영업(북미·유럽)	한국 식품 해외 수출 영업 경력 2년 이상	'24.9

3) 작성 시 주의사항

① **품질 관리와 안전성 강조:**

○ 식품의 품질 관리 계획과 안전성 보증 방안을 구체적으로 명시해야 한다. HACCP 인증 계획, 생산 공정 점검 프로세스 등을 포함한다.

② **현실적인 시장 전략:**

○ 시장 진입 초기의 도전 과제를 분석하고, 이를 해결하기 위한 실행 가능한 전략을 제시한다. 초기 고객 확보와 반복 구매율 증대를 위한 구체적인 방안을 포함한다.

③ **환경 및 규제 준수:**

○ 환경 보호와 법적 요건을 충족하기 위한 계획을 포함한다. 지역별 규제 준수를 위한 인증 절차와 지속 가능한 포장재 사용 계획을 명시한다.

④ **소비자 중심 접근법:**

○ 고객의 피드백을 반영하여 지속적으로 제품과 서비스를 개선하는 계획을 제시한다. 고객 만족도를 높이기 위한 데이터 기반 접근법

을 활용한다.

⑤ **리스크 관리:**
- 원재료 공급 중단, 생산 공정 장애 등의 리스크를 대비한 대체 계획을 수립한다. 주요 리스크에 대한 예방과 대응 전략을 구체적으로 설명한다.

식품 산업 사업계획서는 고객의 건강과 안전, 지속 가능성, 그리고 최신 소비 트렌드를 반영하여 작성되어야 한다. 명확한 데이터와 실행 가능한 전략을 기반으로 심사자와 투자자에게 사업의 신뢰성을 전달해야 한다. 철저히 준비된 사업계획서는 식품 산업의 성장 가능성을 극대화하고, 기업이 지속 가능한 방식으로 경쟁력을 유지할 수 있는 기반을 마련할 것이다.

각 항목에서 구체적인 데이터를 통해 신뢰성을 높이고, 실행 가능한 방안을 제시하여 기업의 비전을 효과적으로 전달해야 한다. 이는 단순한 사업계획서를 넘어, 기업의 장기적인 성공 전략을 제시하는 중요한 문서가 될 것이다.

5-4

공예 및 디자인

공예 및 디자인 산업은 창의성과 독창성을 바탕으로 감성적 가치와 실용적 가치를 동시에 전달하는 업종이다. 현대 소비자들은 맞춤형 제품과 프리미엄 경험을 추구하며, 공예 및 디자인 제품은 이러한 요구를 충족시키는 데 적합한 시장 기회를 제공한다.

공예 및 디자인 사업계획서는 브랜드의 철학, 독창적인 창작 과정, 그리고 시장 접근 전략을 구체적으로 제시하여 투자자와 심사자의 신뢰를 얻는 데 중요한 역할을 한다. 사업계획서는 단순히 제품의 제작 과정을 나열하는 것이 아니라, 브랜드가 고객과 정서적으로 연결되는 방식을 상세히 설명해야 한다. 본 장에서는 공예 및 디자인 업종의 특성을 반영한 사업계획서 작성 방법과 성공 전략을 소개한다.

1) 공예 및 디자인 산업의 특징

① **창의성과 독창성:**
  ○ 공예와 디자인 제품은 예술적 감각과 기술력을 결합하여 독창성을 창출한다. 이는 대량 생산 제품과 차별화되는 주요 경쟁력이다.

- 브랜드 철학과 디자인 스토리를 통해 소비자와의 정서적 연결을 강화할 수 있다. 특히 소비자는 제품의 디자인 철학과 제작 과정에서 느껴지는 진정성을 높게 평가한다.

② **소규모 생산 및 맞춤형 서비스:**
- 맞춤 제작과 소량 생산은 공예 및 디자인 제품의 주요 특징이다. 이를 통해 고유성과 희소성을 강조할 수 있다.
- 고객의 니즈에 맞춘 맞춤형 제품 제공은 고객 만족도와 충성도를 높인다. 예를 들어, 특정 고객 요구에 맞춘 디자인 제작은 개인화된 고객 경험을 제공한다.

③ **고객 경험의 중요성:**
- 단순한 제품 판매를 넘어, 소비자와의 정서적 교감을 형성하는 것이 중요하다.
- 제품 구매와 함께 제공되는 이야기와 경험이 브랜드의 핵심 가치로 작용한다. 이를 위해 제품의 사용 방식이나 창작 배경에 대한 스토리텔링을 포함한다.

④ **지속 가능성과 윤리적 생산:**
- 친환경 재료 사용과 윤리적 생산 방식은 현대 소비자들에게 매력적으로 다가가는 요소다.
- 지속 가능성은 프리미엄 브랜드 이미지 구축에도 기여한다. 재활용 소재 활용과 공정 무역 재료 사용은 브랜드 가치를 강화한다.

⑤ 트렌드 민첩성:

  ○ 공예 및 디자인 산업은 소비자 트렌드 변화에 빠르게 적응해야 한다. 최신 트렌드를 반영한 제품 라인업과 새로운 디자인 방향성을 지속적으로 제시한다.

2) 공예 및 디자인 사업계획서 작성 방법

① 사업 개요:

  ○ 브랜드가 전달하려는 정체성과 이를 통해 해결하려는 고객의 문제를 명확히 제시한다.

- **한방입욕제를 대체**할 수 있는 **약용식물 고체화 입욕제와 오브제**를 개발하여 MZ세대가 좋아하는 디퓨져(향기) + 한방요법의 건강함을 동시에 가지고 있는 제품입니다.
- **1인가구 증가**에 따른 라이프스타일에 맞는 **맞춤형 약용식물 입욕제**

한방요법에서 사용되는 약용식물을 활용하여 만든 입욕제와 라이프스타일에 맞는 감성적인 오브제를 결합한 제품입니다. 천연 약용식물 원료를 이용하여 목욕시 몸의 건강과 신진대사를 돕고 약용식물의 특징적인 향기를 추출하여 제품에 담아 휴식 시간이나 몸의 피로를 풀고 건강을 도모할 수 있는 제품입니다. 이 제품은 <u>지역의 로컬원료(탱자, 자생 약초, 서리태, 잉여 쌀)</u>를 사용하여 지역 농가의 수익원을 증가시키며 동시에 <u>K뷰티 한국적 배쓰제품</u>을 해외 판로 개척을 확대할 수 있습니다.

"빠르고 쉽게 이미지를 생성하고, 원하는 속성 조절이 가능한 딥에디터"
- 제품의 배경 및 인물의 자동 생성, 수정, 가공/처리 플랫폼
- 핵심기능: 제품의 이미지를 빅데이터 기반으로 원하는 속성(텍스트, 질감, 분위기 등)에 자동으로 추천, 생성하는 솔루션
- 소비자층 및 소비자층: 기존 사업을 진행하고 있는 제품 촬영 기업에서 쇼핑몰, 광고회사 등으로 확장
- 사용처: 제품(화장품, 의류, 전자제품 등) 이미지 생성 및 구현이 필요한 모든 전 분야

② 시장 분석:

o TAM, SAM, SOM 분석을 활용하여 시장의 잠재력을 구체적으로 입증한다.

· **코로나 이후 목욕 트렌드 및 시장 변화** (대한화장품협회 생산실적21년)
- 코로나 바이러스로 대중 목욕탕의 감소, 개인 목욕 공간 사용하는 젊은 세대 증가 개인 목욕이 트렌드로 부상함과 동시에 입욕제 판매액 연간11% 증가 100억원대
· **성장하는 프라이빗(개인) 목욕 시장**
- 코로나이후 욕조 인테리어 전년 대비 20% 증가(21년기준), 매년 두자리수 성장
- 한국의 목욕 및 샤워 제품 시장은 2015년부터 2020년 7.77% 연평균 성장률 기록 2020년 판매 가치는 2005억
· **성분 중심의 뷰티 트렌드**
- 전체 시장 : 5700억원 [국내 비건화장품 시장규모]
  유효 시장 : 1800억원 [국내 입욕제 시장 추정치 600억원+러쉬 수익 1200억원]
  수익 시장 : 500억원 [약용식물(약재) 성분 입욕제 시장규모]

③ 제품 개발 전략:

o 제작 과정을 시각화하거나 단계별로 세분화하여 심사자에게 명확히 전달한다.

- 당사는 자체 개발한 AI 모델로 서비스를 활발하게 진행 중임. 다양한 인공지능 기법들(Image Matting, Image Harmonization, Generative Model 등)을 활용하여 모델을 개발하여 고도화 시킴.

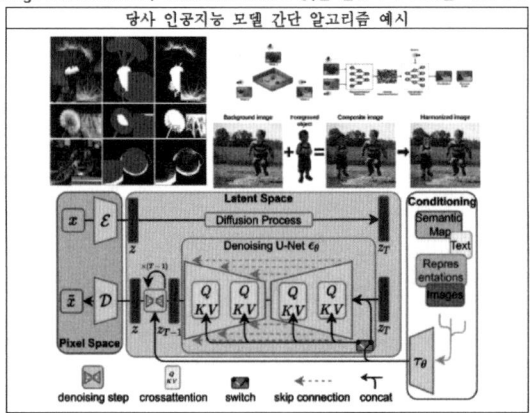

○ 특허등록 기술 활용 원료 개발

  - 잉여 작물을 합리적인 가격으로 매수(여주 잉여 쌀, 폐기처분 탱자 등)
  - 배쓰밤의 향중심이 아닌, 동양의 약용식물(건강 성분)중심의 제품 개발
  - 특허등록 시술 활용 잉여 식물 및 농산물 활용 원료 개발

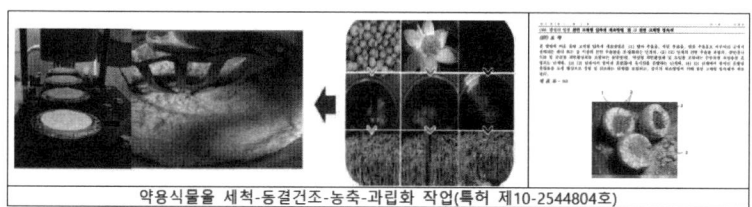

<약용식물을 세척-동결건조-농축-과립화 작업(특허 제10-2544804호)>

④ 운영 및 공급망 전략:

○ 생산 계획과 공급망 전략을 상세히 설명한다.

○ **캐릭터 디자인 제품 출시 완료 / 국내 대형 플랫폼 위주 판매 중 (카카오 선물하기, 네이버 라인 프렌즈샵 등)**
  - 누적 매출 : 약 1.3억원, 판매량 : 약 5,000개 (2022년 1월~)
  - 자체 개발 캐릭터 자인 IP 확보 : 상표권 12건, 디자인특허 5건

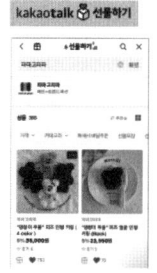 

<카카오톡 선물하기 입점>   <네이버 라인프렌즈 온/오프라인샵 입점>

○ 생산 (국내 외주 생산업체)
- 3D 모델링 프로세스 이해도 높은 생산업체 섭외 완료
: 샘플제작 ~ 완제품 양산 가능 → 복수 업체 운영으로 리스크 최소화
- 추후 해외 생산업체 물색 예정

<국내 외주 생산 업체>

⑤ 마케팅 및 유통 전략

○ 프리미엄 시장을 목표로 한 브랜딩과 마케팅 전략을 구체화한다.

○ 소셜 미디어와 온라인 플랫폼을 활용한 디지털 마케팅 전략, 그리고 팝업 스토어나 전시회를 통한 오프라인 고객 접점을 계획한다.

○ 호텔 편집샵 한국적 요소 어메니티 공간 큐레이팅(B2B)
- 공간 큐레이팅 무료 서비스를 통해 인테리어 요소 가미
- B2B 구독 서비스로 지속적인 판로 확보

○ **확보한 대형 유통 플랫폼과 협업 강화 (카카오, 네이버)**
1) 플랫폼내 자사 신제품 라인업 추가
2) 시즌 테마별 기획전 진행
- 당사 : 제품 기획, 디자인 게시물 제작, 공동 마케팅(자사 SNS 활용)
- 플랫폼 : 생산비 공동투자, 자체 광고집행 → 판매 촉진

⑥ 재무 계획:

o 예상 매출, 비용 구조, 투자 회수 기간(ROI)을 포함하여 재정 계획을 상세히 서술한다.

1) 단기 자금조달
- 사업을 통한 매출 (월 500만원)
- 기술보증기금 기술보증지원 (1억 원)
- 엔젤시드투자 (2억 원)
- 청년창업사관학교 (1억원)

2) 중장기 자금조달
- 사업을 통한 매출 (월 2천만원)
- 창업성장, R&D사업 진행 (2억 원)
- 투자유치 (4억 원 이상)
- TIPS 프로그램 참가 (5억 원)

o **연간 자금소요 : 4억**
  ※ 당사 매출 3억원 + 정부지원금 1억원으로 자금 충당
  - 제품 생산 및 유통비 (시제품 포함) : 200백만원
  - 국내외 마케팅비 : 80백만원
  - 인건비 및 운영비 : 100백만원
  - 임차료 : 20백만원

⑦ 팀 구성 및 역량:

o 팀원의 기술적 전문성과 프로젝트 관리 역량을 구체적으로 서술한다.

o 직원 현황 및 역량

순번	직급	성명	주요 담당업무	경력 및 학력 등	채용연월	일자리 안정자금 수혜여부
1	연구원	고제주	S/W 개발	• 인공지능 시리즈C 스타트업 前CTO • IT 기업 백엔드 개발 경력(9년 이상)	'2X.09	X
2	연구원	박부산	R&D	• 기계공학/창업융합 학사 • AI 개발 관련 경력 (5년 이상) • 롯데벤처스 • 에이아이리퍼블릭 스타트업 대표	'2X.09	X

o 수출분야 핵심 인력 현황 : 2명

성 명	직 급	주요 담당업무	경력 및 학력 등
장서울	연구원	중국, 일본, 동남아 수출	글로벌 광고 마케팅 경력 3년 이상
강경기	연구원	해외 대응 업무	해외 유학 및 거주 경험 10년 이상

3) 작성 시 주의사항

① **브랜드 스토리 강조:**
- 제품의 독창성과 가치를 브랜드 스토리를 통해 소비자에게 전달한다. 브랜드 철학과 디자인 과정의 정체성을 명확히 해야 한다.

② **소비자 경험 중심 접근:**
- 소비자가 브랜드와 정서적으로 연결될 수 있도록 구매 경험을 설계한다. 이 과정에서 감성적 연결을 위한 디지털 콘텐츠 활용 방안을 제시한다.

③ **지속 가능성과 윤리성 반영:**
- 친환경 재료 사용과 윤리적 생산 과정을 통해 소비자 신뢰를 구축한다.

④ **시장 변화에 대한 민첩성:**
- 최신 디자인 트렌드와 소비자 선호도를 지속적으로 반영하여 제품 라인업을 업데이트한다. 경쟁사보다 앞서 새로운 제품 카테고리를 제안하는 전략도 포함한다.

⑤ **현실적인 비용 구조 제시:**
- 공예 및 디자인의 특성상 높은 단가를 현실적으로 설명하고, 이를 통해 고객 가치를 증명해야 한다.

○ 초기 비용과 예상되는 ROI를 구체적으로 명시하여 신뢰도를 높인다.

공예 및 디자인 사업계획서는 창의성과 독창성을 강조하며, 고객의 정서적 경험과 지속 가능성을 중심으로 작성되어야 한다. 철저히 준비된 계획은 브랜드 철학을 강화하고, 소비자 및 투자자와의 신뢰를 구축하는 데 기여할 것이다.

각 항목에서 구체적인 데이터를 통해 신뢰성을 높이고, 브랜드의 가치를 효과적으로 전달하여 공예 및 디자인 업종의 지속 가능한 성장을 이끌어 내는 지침이 될 것이다.

또한, 이 사업계획서는 창작 과정의 진정성과 고객 중심 전략을 통해 독창적인 브랜드를 구축하는 데 중요한 도구로 활용될 것이다.

6장

성공 창업 사례 및 성장 전략

청년창업사관학교
합격노트

6-1

졸업생 성장 스토리

청년창업사관학교를 졸업한 창업자들의 성공 사례는 후배 창업자들에게 귀중한 영감을 제공하며, 창업 과정에서 겪는 도전과 이를 극복한 경험은 실질적인 지침이 된다. 이 장에서는 다양한 업종에서 성공을 거둔 졸업생들의 성장 스토리를 다루며, 성공 요인과 실천 전략을 심층적으로 분석한다. 이들의 이야기는 창업을 준비하거나 성장 단계에 있는 창업자들에게 실질적인 방향성을 제시하고, 성공 가능성을 높이는 데 기여한다.

1) 성공 요인과 실천 전략

김진형 ㈜크래블

- **성공 요인**: 기술 혁신과 민관협력을 통해 농업의 디지털 전환을 실현했다. 초저가형 자율주행 키트와 협동 로봇을 개발하여 농업 생산성을 극대화하였다. 제네바 국제발명전시회에서 은상을 수상하며 기술의 우수성을 대외적으로 인정받았다.
- **실천 전략**: 자율주행 키트의 가격 경쟁력을 강조하며, 다양한 농기

계와의 호환성을 높였다. 국제 농기계 박람회와 민관 협력 프로젝트를 통해 제품의 신뢰성을 입증하고, 인도네시아 등 해외 시장에 진출하여 초기 성과를 거두었다.
- **사업계획서 작성 팁**: 글로벌 시장 진출을 목표로 하는 경우, 현지 시장 요구를 반영한 기술 커스터마이징 전략과 파트너사 협력 계획을 상세히 기술하라.

심효준 (㈜에그풀)
- **성공 요인**: 차별화된 사용자 경험과 안정적인 수익 모델로 광고주와 사용자의 신뢰를 구축했다. 사용자가 광고를 시청한 뒤 보상을 받는 혁신적인 방식을 통해 높은 참여율을 이끌어 냈다.
- **실천 전략**: 가평 빠지, 부천국제영화제 등 다양한 광고 프로젝트에 참여하여 플랫폼 신뢰성을 증명했다. 설치비용을 낮추고 광고 효과를 극대화하여 초기 사용자와 광고주 모두의 진입 장벽을 낮췄다.
- **사업계획서 작성 팁**: 플랫폼 초기 사용자를 확보하기 위한 실행 가능한 단계별 마케팅 계획을 포함하고, 사용자 행동 데이터를 기반으로 한 수익 모델을 구체화하라.

전진훈 (㈜리얼티쓰)
- **성공 요인**: AI 기반 3D 치과 보철물 설계 기술로 제작 시간과 불량률을 획기적으로 줄였다. 스마트 공장을 통해 품질 검증 시스템을 구축하며 글로벌 시장에서 신뢰를 얻었다.
- **실천 전략**: 치과 보철물 설계와 제조 과정을 자동화하여 환자 맞춤

형 서비스를 제공했다. 싱가포르, 미국, 중국 등 주요 시장에서 특허와 상표를 출원하며 글로벌 확장을 가속화했다.
- **사업계획서 작성 팁**: 국제 인증 및 특허 전략을 통해 신뢰를 강화하고, 고객 맞춤형 기술 적용 사례를 구체적으로 제시하라.

임혜경 (주식회사 폼이즈)

- **성공 요인**: IoT와 AI 기술을 접목한 기둥 거푸집으로 건설 현장에서의 안전성과 재사용성을 획기적으로 개선했다. 높은 재사용률과 소음 감소로 친환경 건설 자재로 자리 잡았다.
- **실천 전략**: 국내외 정부 지원 사업을 활용해 초기 자금과 기술 인증을 확보했다. 필리핀 및 사우디아라비아와의 해외 프로젝트를 통해 글로벌 시장으로 확장했다.
- **사업계획서 작성 팁**: 친환경성과 혁신 기술이 주는 경제적, 환경적 효과를 구체적인 데이터와 함께 서술하고, 해외 진출 전략을 명확히 제시하라.

졸업생들의 성공 사례는 창업 성공의 핵심 요인이 기술 혁신, 시장 트렌드의 적응, 그리고 고객 중심 접근에 있음을 보여 준다. 이들의 경험은 창업자들에게 현실적인 영감을 제공하며, 성공적인 창업의 길을 열어 주는 지침서로 활용될 수 있다. 창업자들은 이들의 경험을 바탕으로 실질적인 방향성을 수립하고, 더 큰 성공을 향한 전략을 개발할 수 있을 것이다.

6-2

사업 확장 및 글로벌 진출 전략

현대 창업 환경에서 글로벌 시장은 기업의 성장을 가속화하는 중요한 요소로 자리 잡고 있다. 청년창업사관학교를 졸업한 창업자들 중 다수는 국내 시장을 넘어 글로벌 시장으로 확장하며 성공적인 성과를 거두었다. 이 장에서는 글로벌 진출의 필요성, 준비 단계, 성공 전략, 그리고 실제 사례를 통해 글로벌 시장 확장 전략을 구체적으로 제시한다. 또한, 글로벌 진출 과정에서의 도전 과제와 이를 극복하기 위한 실질적인 방안도 함께 논의한다.

1) 글로벌 진출의 필요성

글로벌 시장은 단순히 더 넓은 고객 기반을 제공하는 것을 넘어, 기업의 경쟁력 강화와 지속 가능한 성장을 위한 필수적인 무대가 되고 있다. 현대 경제 환경에서 국내 시장의 한계를 극복하고, 국제 무대에서의 입지를 다지는 것은 창업자들에게 더 이상 선택이 아닌 필수적인 전략이 되었다. 글로벌 진출은 기업의 성장을 가속화하고, 새로운 기회를 창출하며, 경쟁력을 강화하는 데 중요한 역할을 한다.

① 시장 확장

국내 시장은 한정된 고객 기반과 경쟁 심화로 인해 성장에 제한이 있을 수 있다. 반면, 글로벌 시장은 더 큰 소비자층과 새로운 비즈니스 기회를 제공한다. 예를 들어, 김진형 대표의 ㈜크래블은 인도네시아 시장 진출을 통해 단일 프로젝트로 국내 매출 대비 150%를 초과하는 성과를 거두었다. 이러한 성과는 글로벌 시장이 제공하는 무한한 성장 가능성을 보여 준다. 더불어, 다양한 국가에서의 시장 진출은 제품과 서비스의 수요를 확장하는 동시에, 기업이 다양한 문화와 소비자 요구에 맞춘 전략을 개발할 수 있는 기회를 제공한다.

② 경쟁력 강화

글로벌 시장에서의 경험은 기업의 경쟁력을 강화하는 데 핵심적인 역할을 한다. 국제 경쟁은 내부 프로세스를 개선하고 혁신을 촉진하며, 제품 및 서비스의 품질을 향상시킨다. 전진훈 대표의 리얼티쓰 사례는 글로벌 시장에서의 특허 획득과 품질 인증을 통해 신뢰도를 확보하고, 치과 보철물 시장에서 리더로 자리 잡은 사례를 보여 준다. 이러한 글로벌 경쟁 환경은 기업이 지속적으로 개선하고 혁신하도록 자극하며, 이는 장기적으로 기업의 성장과 생존에 중요한 요소로 작용한다.

③ 다각화된 수익 창출

글로벌 진출은 수익 구조를 다각화하여 기업의 안정성을 높인다. 특정 지역에서의 경제적 어려움이나 시장 변화에 따른 위험을 분산시키는 데 효과적이다. 임혜경 대표의 폼이즈는 필리핀과 사우디아라비아에서의 프로젝트를 통해 국내 시장 의존도를 줄이고, 다양한 지역에서의 수익원을 확보하였다. 이를 통해 경제적 충격에도 안정적으로 성장할 수 있는 기반을 마련했다. 또한, 글로벌 시장에서의 수익 다각화는 기업이 새로운 시장에서 발생하는 기회를 활용하여 수익성을 극대화할 수 있도록 한다.

④ 기술 및 지식 교류

국제 시장에서의 활동은 기업이 최신 기술과 트렌드를 지속적으로 접할 수 있는 기회를 제공한다. 글로벌 네트워크를 통해 축적된 지식과 기술은 새로운 시장 진출 시 큰 자산이 된다. 또한, 글로벌 전시회나 국제 컨퍼런스에 참여하여 다른 기업들과 협력하거나 경쟁하며 지속적으로 학습하고 성장할 수 있다. 예를 들어, 채두현 대표와 임혜경 대표는 각각 2024년과 2025년에 CES에 참가하여 최신 기술 트렌드를 습득하고 글로벌 네트워크를 확장하였다. 심진형 대표는 2024년 제네바 국제발명전시회에서 은상을 수상하며 국제적인 기술력을 인정받았다. 이러한 과정은 기업이 현지화된 제품 및 서비스를 개발하는 데에도 큰 도움이 된다.

⑤ 브랜드 이미지 강화

글로벌 진출은 기업의 브랜드 가치를 높이고, 국제적 신뢰를 구축하는 데 기여한다. 글로벌 시장에서의 성공은 기업의 이미지를 제고하며, 이는 국내외 투자 유치 및 협력 기회 창출로 이어질 수 있다. 글로벌 시장에서의 긍정적인 브랜드 이미지는 기업이 새로운 시장에 진출하거나 파트너십을 구축하는 과정에서 중요한 자산이 된다. 브랜드 인지도가 높은 기업은 고객과 파트너의 신뢰를 쉽게 얻을 수 있으며, 이는 지속 가능한 성장을 촉진하는 중요한 요인이 된다.

글로벌 시장은 단순한 선택이 아니라 기업 성장의 핵심적인 요소로 자리 잡고 있다. 글로벌 진출을 통해 기업은 시장을 확장하고, 경쟁력을 강화하며, 지속 가능한 성장의 기반을 마련할 수 있다. 성공적인 글로벌 진출은 철저한 준비와 실행력, 그리고 도전 과제를 극복하는 전략적 사고에 달려 있다. 차세대 창업자들에게 글로벌 시장은 아직 개척되지 않은 거대한 기회의 땅이다.

2) 글로벌 진출 준비 단계

글로벌 시장으로의 진출은 단순히 새로운 고객을 확보하는 것을 넘어, 기업의 경쟁력과 지속 가능성을 높이는 중요한 과정이다. 하지만 성공적인 진출을 위해서는 체계적이고 철저한 준비가 필수적이다. 이 장에서는 글로벌 시장 진입을 위한 필수적인 준비 단계를 구체적으로 다룬다.

① 시장 조사 및 분석

글로벌 시장 진출에서 가장 중요한 첫 단계는 철저한 시장 조사를 통해 목표 시장을 깊이 이해하는 것이다. 먼저, 시장 환경 분석은 경제, 정치, 문화 등 다양한 요소를 포괄적으로 고려해야 한다. 예를 들어, 목표 시장의 GDP 성장률이나 물가 상승률 같은 경제 지표를 분석하면 시장 규모와 잠재력을 예측할 수 있다. 정치적 안정성이나 관세 정책도 기업의 진출에 직간접적인 영향을 미칠 수 있으므로 무역 협정과 현지 정부 정책을 검토하는 것이 필수적이다. 또한, 현지의 소비 습관과 문화적 차이를 파악하는 것은 고객과의 신뢰를 구축하는 데 중요한 역할을 한다. 이러한 분석은 PESTEL 분석과 같은 체계적인 방법론을 활용하여 구체화할 수 있다.

경쟁사 분석도 중요한 단계다. 현지 시장에서 주요 경쟁사의 시장 점유율, 가격 정책, 마케팅 전략을 면밀히 살펴보는 것이 필요하다. 경쟁사와 비교하여 자사의 강점과 차별화 요소를 명확히 이해하는 것이 전략 수립에 큰 도움이 된다. 예를 들어, 특정 경쟁사가 가격 경쟁력을 강조한다면, 자사는 품질이나 고객 서비스에서 차별화를 모색할 수 있다. 경쟁 구도를 시각적으로 파악하기 위해 BCG 매트릭스를 활용하는 것도 효과적이다.

소비자 행동 분석은 현지 고객의 니즈와 선호도를 이해하기 위한 단계다. 소비자의 구매 여정을 분석하여 탐색, 비교, 구매, 후기 작성 등 각 단계에서 어떤 요소가 중요한지 파악한다. 이를 위해 설문조사와 같은 직접적인 데이터 수집 방법뿐만 아니라 소셜 리스닝 도구를 활용해 실시간으로 소비자 반응을 분석할 수도 있다. 예를 들어, 특정 국가에서 고객들이 온라인 리뷰를 중시한다면, 이를 반영한 마케팅 전략이 필요할 것이다.

마지막으로, TAM(전체 시장), SAM(진입 가능한 시장), SOM(수익 시장) 분석을 통해 시장 규모를 구체적으로 평가한다. 예컨대, TAM이 10억 달러 규모의 시장이라도 자사의 자원으로 실제로 접근 가능한 SOM은 더 작을 수 있다. 이 분석은 현실적인 목표 설정과 자원 배분을 위한 기초 자료를 제공한다.

② 제품 및 서비스 현지화

글로벌 시장에서 성공하려면 현지 고객의 요구에 맞춘 제품과 서비스를 제공해야 한다. 언어와 문화 적응은 첫걸음이다. 제품 설명서, 포장 디자인, 광고 문구 등을 현지 언어로 번역하는 것은 기본이며, 현지 문화와 관습을 반영한 커뮤니케이션 전략도 필수적이다. 예를 들어, 특정 국가에서는 화려한 색상의 포장이 긍정적인 반응을 얻는 반면, 다른 국가에서는 미니멀리즘 디자인이 더 선호될 수 있다.

현지 맞춤형 기능 개발도 중요하다. 현지 고객의 요구를 반영하여 제품의 기능을 조정하거나 새로운 옵션을 추가하는 방식으로 시장성을 높일 수 있다. 예컨대, 특정 국가에서는 소형 가전제품이 인기라면, 해당 국가에서는 컴팩트한 제품을 출시하는 것이 효과적이다. 이와 함께, 식품, 화장품, 전자기기 등 규제가 엄격한 산업에서는 현지 인증을 충족시키는 것이 필수적이다. FDA, CE, ISO와 같은 인증을 사전에 획득해 신뢰를 확보해야 한다.

현지화의 마지막 단계는 로컬 서비스를 제공하는 것이다. 현지 고객 지원팀을 구성하거나 애프터서비스를 현지화하면 소비자 만족도를 높일 수 있다. 예를 들어, 고객 불만 처리 시간 단축이나 현지 언어로 제공되는 고객 센터는 신뢰도를 크게 향상시킨다.

③ 파트너십 및 네트워크 구축

현지 네트워크와의 협력은 글로벌 시장 진출 초기의 성공 가능성을 크게 높인다. 현지 파트너사를 발굴하는 것은 유통망 확보와 신뢰 구축에 있어 중요한 요소다. 예를 들어, 현지 유통업체와 협력하면 초기 투자 비용을 줄이고 더 빠르게 고객 기반을 구축할 수 있다. 상호 이익을 강조한 협력 전략은 파트너사와의 장기적인 관계를 강화할 수 있다.

또한, 정부와의 협력도 글로벌 진출 과정에서 중요한 역할을 한다. 현지 정부의 경제 개발 프로그램이나 지원 정책을 활용하면 추가적인 자금을 확보하거나 규제 장벽을 낮출 수 있다. 무역 사절단, 산업 박람회, 국제 포럼에 참여하여 현지 기관과의 관계를 강화하는 것도 효과적이다.

글로벌 네트워크 형성은 국제적 성공을 위한 핵심 요소 중 하나다. 국제 컨퍼런스, 네트워킹 이벤트, 박람회 등은 업계 리더들과의 연결을 가능하게 하며, 이를 통해 협력 기회를 발굴할 수 있다. 이러한 네트워크는 단기적인 성과뿐만 아니라 장기적인 성장 기반을 마련하는 데에도 큰 도움을 준다.

④ 법적 및 재정적 준비

법적 및 재정적 안정성을 확보하는 것은 글로벌 시장에서의 지속 가능한 성장을 위한 필수 조건이다. 먼저, 현지 법률에 대한 철저한 조사가 필요하다. 노동법, 소비자 보호법, 환경 규제 등 다양한 법적 요구 사항을 준수하기 위해 전문가의 컨설팅을 받는 것이 좋다. 예를 들어, 특정 국가에서는 제품 포장에 의무적으로 표시해야 하는 정보가 다를 수 있으므로 이를 미리 확인해야 한다.

지적 재산권 보호는 글로벌 시장에서의 경쟁력을 확보하기 위한 중요한 단계다. 브랜드명, 로고, 특허를 현지에서 등록하여 모방 제품으로부터 자산을 보호해야 한다. 상표권이나 특허 출원 절차를 미리 완료해 놓으면 분쟁을 예방할 수 있다.

재무 계획 수립도 중요하다. 초기 진출 비용을 정확히 산정하고, 환율 변동 리스크를 관리하기 위한 헤지 전략을 도입해야 한다. 현지 은행 계좌를 개설하고, 세금 보고와 납부 절차를 이해하여 재정적 안정성을 확보하는 것도 필수적이다.

글로벌 진출은 철저한 준비 없이는 성공하기 어려운 복잡한 과정이다. 시장 조사부터 제품 현지화, 네트워크 구축, 법적 준비에 이르기까지 각 단계는 목표 시장에서의 입지를 다지는 데 중요한 역할을 한다. 철저한 준비를 통해 기업은 시장의 신뢰를 얻고, 지속 가능한 성장을 이루는 기반을 마련할 수 있다.

3) 글로벌 진출 전략

글로벌 시장에서의 성공은 단순히 좋은 제품을 출시하는 것을 넘어, 치밀한 전략을 기반으로 실행되는 체계적인 접근 방식에 달려 있다. 각 기업의 자원, 목표 시장, 제품 특성에 따라 적합한 전략을 선택하고 실행하는 것이 필수적이다. 이 장에서는 글로벌 진출의 성공을 위한 주요 전략과 실행 방안을 구체적으로 다룬다.

① 진출 모델 설계

글로벌 시장에서의 진출 모델은 기업이 목표 시장에 어떻게 접근할지 결정하는 중요한 요소다. 가장 일반적으로 사용되는 모델로는 B2B, B2C, 그리고 하이브리드 모델이 있다. B2B(기업 대 기업) 모델은 주로 대규모 거래와 지속적인 계약을 통해 안정적인 수익을 창출하는 데 적합하다. 반면, B2C(기업 대 소비자) 모델은 개별 소비자에게 직접 제품과 서비스를 제공하며 빠르게 시장 점유율을 확장할 수 있는 장점이 있다.

하이브리드 모델(B2B2C)은 기업과 소비자를 연결하는 중간 단계를 포함하여 두 모델의 장점을 결합한 방식이다. 예를 들어, 글로벌 전자 상거래 플랫폼은 로컬 리셀러와 협력하면서도 최종 소비자에게 직접 접근하는 전략을 사용한다. 이러한 모델 선택은 목표 시장의 소비자 행동, 산업 구조, 자원의 활용 가능성에 따라 유연하게 조정되어야 한다.

② 마케팅 및 브랜딩 전략

글로벌 진출에서 마케팅과 브랜딩은 단순한 홍보를 넘어, 목표 시장에서 신뢰를 구축하고 장기적인 관계를 형성하는 데 핵심적인 역할을 한다.

첫째, 현지화된 마케팅 캠페인은 글로벌 성공의 필수 요건이다. 현지 문화와 언어에 맞춘 광고 메시지, SNS 콘텐츠, 이벤트를 통해 고객과의 연결을 강화할 수 있다. 예를 들어, 특정 국가에서는 지역 명절을 활용한 프로모션이 효과적일 수 있다.

둘째, 디지털 마케팅은 글로벌 시장에서 점점 더 중요해지고 있다. 구글 애드워즈, 페이스북 광고, 틱톡과 같은 글로벌 플랫폼을 활용하여 타겟 고객에게 직접 다가가는 것이 가능하다. 특히, 소비자 데이터를 활용한 맞춤형 광고는 효과적인 시장 점유율 확대 전략이 될 수 있다.

셋째, 브랜드 스토리텔링을 통해 정서적 연결을 구축하는 것도 중요하다. 글로벌 시장에서 기업의 가치를 전달하는 스토리는 브랜드의 정체성을 강화하고 고객 충성도를 높이는 데 기여한다.

③ 재무 및 자금 조달 전략

　글로벌 시장 진출은 초기 비용이 높은 투자로 시작되기 때문에 재무 전략은 성공의 중요한 부분이다. 우선, 초기 진출 비용과 운영 비용을 정확히 계산하고, 필요한 자금을 조달하는 것이 중요하다.

　정부 지원 프로그램은 글로벌 진출을 계획하는 기업들에게 유용한 자금원이다. 예를 들어, 수출 관련 보조금, 세금 공제, 혹은 글로벌 액셀러레이션 프로그램 참여를 통해 초기 자금을 확보할 수 있다. 또한, 해외 투자자나 벤처 캐피탈과의 협력을 통해 더 큰 규모의 자금을 조달할 수 있다.

　환율 변동에 따른 위험을 줄이기 위한 헤지 전략도 필수적이다. 선물환 계약이나 옵션 계약을 통해 환율 변동으로 인한 손실을 최소화할 수 있다. 이를 통해 기업은 안정적인 재무 기반을 유지하며 글로벌 시장에서 확장을 지속할 수 있다.

④ 단계별 실행 계획

　글로벌 진출은 단계별로 계획을 세우고 실행하는 것이 중요하다. 초기 단계에서는 테스트 마켓 운영을 통해 제품과 서비스의 시장 적합성을 평가한다. 테스트 마켓은 소비자 피드백을 수집하고, 예상치 못한 문제를 발견하며, 최종적으로 제품이나 서비스를 개선하는 기회를 제공한다.

　중기 단계에서는 판매망 확장과 마케팅 강화를 통해 시장 점유율을 높인다. 이 과정에서 현지 유통 파트너와 협력하거나, 온라인 플랫폼을 활용해 더 많은 소비자에게 다가갈 수 있다. 또한, 현지 소비자들에게 신뢰를 구축하기 위해 지역 이벤트나 캠페인을 진행하는 것도 효과적이다.

장기 단계에서는 시장 내 입지를 공고히 하고 지속 가능한 성장 모델을 개발한다. 이를 위해 현지 생산 설비를 확충하거나, 지속적인 기술 혁신을 통해 경쟁 우위를 유지하는 전략을 실행할 수 있다.

글로벌 시장 진출은 단순히 시장을 확장하는 것이 아니라, 기업의 가치를 새로운 환경에 맞게 조정하고 실행하는 과정이다. 진출 모델 설계, 마케팅 및 브랜딩, 재무 전략, 단계별 실행 계획을 체계적으로 수립하면, 글로벌 시장에서 지속 가능한 성공을 이룰 수 있다. 글로벌 시장에서의 성공은 전략적 사고와 실행력을 기반으로 하며, 이는 모든 창업자가 목표로 삼아야 할 중요한 과제이다.

4) 성공 사례 분석

글로벌 시장에서 성공을 거둔 기업들의 이야기는 후발 주자들에게 귀중한 교훈과 영감을 준다. 각 기업이 직면했던 도전 과제와 이를 극복하기 위한 전략은 새로운 시장 진출을 준비하는 기업들에게 실질적인 지침서 역할을 한다. 본 장에서는 글로벌 시장에서 두각을 나타낸 네 가지 사례를 통해 주요 전략과 성과를 분석하며, 이들로부터 얻을 수 있는 교훈을 제시한다.

김진형 - ㈜크래블

김진형 대표가 설립한 ㈜크래블은 자율주행 농업 로봇 플랫폼을 개발하여 인도네시아 시장으로 진출했다. 김 대표는 농업의 디지털 전환을 촉진하고, 현지 농업 생산성을 극대화하려는 목표를 가지고 있었다. 하지만 글로벌 진출 초기, 현지 환경에 맞는 제품 개발과 신뢰 구축이라는 두 가지 주요 도전에 직면했다.

이러한 문제를 해결하기 위해 크래블은 현지화 전략을 채택했다. 첫 번째로, 인도네시아 농업 환경에 적합한 초저가형 자율주행 키트를 개발하여 현지 농업 단체와 협력했다. 두 번째로, 포스코와의 협력을 통해 대규모 프로젝트를 성공적으로 수행하며 현지 정부와 신뢰를 쌓았다. 이러한 전략은 단일 프로젝트에서 국내 매출의 150%를 초과하는 성과를 이루어 냈고, 크래블은 인도네시아 농업 시장에서 자율주행 농업 로봇의 표준으로 자리 잡을 수 있었다.

전진훈 - ㈜리얼티쓰

전진훈 대표의 리얼티쓰는 AI 기반의 3D 치과 보철물 설계 및 제조 솔루션으로 글로벌 시장에 진출했다. 그는 디지털 기술을 통해 치과 보철물 제작 과정에서의 비용과 시간을 줄이는 것을 목표로 삼았다. 그러나 국제 시장에서 신뢰를 확보하고 시장 점유율을 확장하는 데 큰 어려움을 겪었다.

이를 극복하기 위해 전진훈 대표는 국제 표준 인증과 특허를 확보하는 데 집중했다. 리얼티쓰는 ISO 인증과 다수의 국제 특허를 획득함으로써 글로벌 신뢰도를 높였다. 또한, 싱가포르, 미국, 중국 등 주요 시장에서 현지 파트너사와 협력하여 빠르게 시장에 진입했다. 그 결과, 리얼티쓰는 불량률 1% 이하의 혁신적인 솔루션으로 글로벌 시장에서 인정받았고, 매출 증가와 함께 지속 가능한 성장을 이루는 기반을 마련했다.

임혜경 - 주식회사 폼이즈

임혜경 대표는 친환경 건설 자재를 개발하여 필리핀과 사우디아라비아 건설 시장으로 진출했다. 환경 문제와 건축 규제에 대한 국제적 관심이 높아지면서 폼이즈의 친환경 제품은 글로벌 시장에서 강한 경쟁력을 갖추게 되었다. 그러나 초기에는 현지 건축 규정을 충족하고 신뢰를 얻는 데 어려움을 겪었다.

임 대표는 한국 정부의 창업 지원 프로그램을 활용해 초기 자금을 확보하고, 인증 절차를 간소화했다. 또한, 필리핀과 사우디아라비아의 건축 규정을 철저히 분석하여 제품을 현지 요구에 맞게 조정했다. 그 결과, 폼이즈는 두 국가의 주요 프로젝트에 참여하며 친환경 건설 자재로 인정받았다. 이는 국제 건축 시장에서 선도적인 입지를 다지는 계기가 되었다.

성공적인 글로벌 진출은 철저한 준비, 현지화된 접근, 그리고 지속적인 혁신이 결합되어 이루어진다. 김진형, 전진훈, 임혜경 대표의 사례는 시장 조사와 현지 네트워크의 중요성, 고객 요구에 맞춘 맞춤형 전략이 얼마나 중요한지를 보여 준다. 이들의 사례는 글로벌 시장에서의 성공이 단순한 기회 포착이 아니라, 전략적이고 지속적인 노력의 결과임을 증명한다. 차세대 창업자들에게 이들의 경험은 귀중한 지침과 영감을 제공할 것이다.

5) 글로벌 진출의 도전과 극복 방안

글로벌 시장으로의 확장은 기업 성장의 필수 단계로 여겨지지만, 동시에 수많은 도전 과제를 수반한다. 문화적 차이, 법적 규제, 자금 문제 등 다양한 장애물을 극복해야만 진정한 성공을 이룰 수 있다.

① 문화적 차이

글로벌 시장 진출의 첫 번째 장벽은 바로 문화적 차이다. 각 국가의 소비자 행동, 가치관, 커뮤니케이션 방식은 기업이 성공적으로 진출하는 데 중요한 영향을 미친다. 예를 들어, 서구 문화권에서는 투명성과 개방적인 커뮤니케이션이 강조되는 반면, 아시아 일부 지역에서는 관계 형성과 신뢰가 비즈니스의 핵심이 될 수 있다. 이러한 차이는 제품 및 마케팅 전략의 현지화 필요성을 크게 부각시킨다.

이를 극복하기 위해 기업은 현지 문화에 대한 철저한 이해를 바탕으로 현지화 전략을 수립해야 한다. 현지 소비자들의 라이프스타일, 언어, 선호도를 면밀히 분석하고 이를 제품 개발 및 커뮤니케이션 전략에 반영하는 것이 중요하다. 현지 전문가와 협력하여 소비자 인사이트를 수집하고, 이를 기반으로 제품 디자인, 광고 메시지, 고객 지원 방식 등을 조정한다. 예를 들어, 중국 시장에 진출한 전진훈 대표의 리얼티쓰는 현지 소비자들의 전통적 가치와 현대적 편리성을 동시에 반영한 제품을 설계하여 신뢰를 얻었다. 더불어, 고객 설문조사와 피드백 수집을 통해 지속적으로 제품을 개선함으로써 현지에서의 입지를 강화했다. 또한, 물류 네트워크 부족을 극복한 ㈜포피엘의 사례는 A.I. 활용 클라우드 기반 물류 시스템을 통해 신뢰를 확보한 또 다른 성공 사례로 꼽힌다.

② **법적 및 규제 장벽**

　각국의 법적 요건과 규제는 기업의 글로벌 진출에 있어 주요 장애물 중 하나다. 예를 들어, 유럽연합에서는 GDPR(일반 데이터 보호 규정)이 디지털 서비스 제공자에게 엄격한 요구 사항을 부과하며, 미국에서는 제품 책임법이 강하게 적용된다. 이러한 규제는 제품 설계, 고객 데이터 관리, 유통 방식 등에 큰 영향을 미친다.

　법적 장벽을 극복하기 위해 기업은 현지 법률에 대한 철저한 조사와 전문가의 도움을 받아야 한다. 법률 전문가와의 협력을 통해 노동법, 세법, 제품 인증 요구 사항 등을 충족시키는 것은 필수적이다. 예를 들어, 임혜경 대표의 폼이즈는 필리핀과 사우디아라비아의 건축 규정을 철저히 분석하고, 필요한 인증을 모두 획득하여 시장 진출에 성공했다. 이를 통해 현지 정부와의 관계를 강화하며 장기적인 사업 기반을 마련했다.

　또한, 리얼티쓰 사례에서도 볼 수 있듯이 국제 표준 인증과 특허 확보는 법적 규제를 효과적으로 극복하는 중요한 수단이 될 수 있다. 지속적으로 법적 환경 변화를 모니터링하며 신속히 대응하는 것이 중요하다.

　규제 환경에 신속히 대응해야 한다. 이는 기업이 법적 분쟁을 방지하고, 신뢰를 유지하는 데 도움을 준다.

③ **자금 및 재무 리스크**

　글로벌 시장으로의 확장은 초기 비용이 많이 들며, 환율 변동과 같은 재무적 위험을 동반한다. 많은 기업이 초기 단계에서 자금 부족으로 인해 어려움을 겪는다. 이는 제품 개발, 마케팅, 유통망 구축 등 다양한 분야에서 자금 제약을 초래할 수 있다.

이를 극복하기 위해 정부 지원 프로그램, 해외 투자 유치, 크라우드펀딩과 같은 다양한 자금 조달 방안을 활용해야 한다. 예를 들어, 정부의 수출 보조금이나 세제 혜택을 적극 활용할 수 있다. 또한, 환율 변동 위험을 줄이기 위해 헤지 전략(예: 선물환 계약)을 도입하는 것도 중요하다.

이와 더불어, 자금 흐름을 면밀히 모니터링하고 예산을 효율적으로 배분하는 것은 필수적이다. 이러한 전략은 초기 자금 부족을 해결하는 것뿐 아니라 장기적인 재무 안정성을 확보하는 데도 기여할 수 있다.

추가적으로, 기업은 자금 흐름을 면밀히 모니터링하고 예산을 효율적으로 배분해야 한다. 이를 통해 자금 부족으로 인한 위험을 최소화할 수 있다.

④ 현지 네트워크 부족

현지 시장에 대한 이해와 네트워크가 부족한 것은 글로벌 진출 초기 단계에서 흔히 발생하는 문제다. 네트워크 부족은 신뢰 구축과 고객 확보를 어렵게 만들며, 현지 파트너와의 협력이 부족할 경우 초기 시장 점유율 확보가 지연될 수 있다.

이를 해결하기 위해 기업은 무역 박람회, 국제 포럼, 지역 상공회의소와 같은 플랫폼을 적극 활용해야 한다. 국제 컨퍼런스나 현지 커뮤니티 이벤트에 참여하면 네트워크를 형성하고 유망한 비즈니스 파트너를 발굴할 수 있다. 김진형 대표의 크래블은 인도네시아 농업 단체와의 협력을 통해 신뢰를 구축하고 빠르게 시장에 자리 잡았다. 또한, 크래블의 사례는 현지 협력을 통한 신속한 시장 침투의 성공적인 예로 꼽힌다.

이와 함께, 네트워크 구축 과정에서 지역 상공회의소와 현지 비즈니스 커뮤니티와의 정기적인 교류는 장기적인 신뢰를 형성하는 데 중요한 역할을 할 수 있다.

⑤ 기술 및 물류 문제

글로벌 시장에서의 기술 및 물류는 복잡성과 비용이 높은 과제다. 특히, 공급망 관리나 현지화된 기술 지원의 부재는 기업의 신뢰를 저하시킬 수 있다. 또한, 지역 간 물류 차이는 배송 속도와 품질에 영향을 미치며, 이는 소비자 만족도에 직접적인 영향을 미친다.

이 문제를 해결하기 위해 기업은 글로벌 공급망을 최적화하고, 현지 물류 파트너와의 협력을 강화해야 한다. 디지털 공급망 관리 시스템을 도입하여 실시간으로 물류 상태를 모니터링하고 문제를 사전에 예방하는 것도 효과적이다. 또한, 기술 지원팀을 현지에 배치하거나 원격 지원 솔루션을 구축하는 것이 필요하다.

예를 들어, 전진훈 대표의 리얼티쓰는 글로벌 스마트 공장을 통해 신속한 제조와 물류를 구현하며 성공적으로 진출했다. 이러한 사례는 기술과 물류의 혁신적 접근이 글로벌 시장에서 경쟁 우위를 확보하는 데 필수적임을 보여 준다.

글로벌 진출의 도전 과제는 기업이 준비와 전략을 통해 극복할 수 있다. 문화적 차이에 대한 깊은 이해, 법적 규제 준수, 안정적인 자금 확보, 강력한 현지 네트워크 형성, 물류와 기술 문제 해결은 글로벌 시장에서 성공하기 위한 필수적인 요소다. 이 과정에서 기업은 단순히 문제를 해결하는 것을 넘어, 경쟁력을 강화하고 새로운 기회를 창출할 수 있다. 글로벌 시장에서 성공을 꿈꾸는 기업들은 이러한 전략을 통해 지속 가능한 성장을 이루어 나갈 수 있을 것이다.

6-3

투자 유치 전략 및 실행 사례

 창업 기업이 성장하고 글로벌 시장에서 입지를 강화하기 위해서는 안정적인 자금 확보가 필수적이다. 특히, 글로벌 시장 진출을 목표로 하는 기업은 초기 자본뿐만 아니라 장기적인 자금 조달 전략을 체계적으로 설계해야 한다. 투자 유치 과정은 단순한 자금 확보를 넘어, 기업의 가치를 극대화하고 지속 가능한 성장을 지원하는 중요한 발판이 된다. 이 장에서는 투자 유치 과정에서의 주요 전략과 성공 사례를 더욱 상세히 분석하며, 기업이 직면할 수 있는 도전과 이를 극복하기 위한 실질적인 방안을 제시한다.

1) 투자 유치 전략

 투자 유치는 기업이 성장과 확장을 지속할 수 있는 중요한 동력을 제공한다. 성공적인 투자 유치를 위해 기업은 설득력 있는 비즈니스 모델을 제시하고, 단계별 자금 조달 계획을 수립하며, 명확한 성과 지표를 통해 투자자들에게 신뢰를 제공해야 한다.

① 명확한 비즈니스 모델 제시

투자자들은 기업의 지속 가능성과 수익성을 평가하기 위해 명확하고 구체적인 비즈니스 모델을 요구한다. TAM(전체 시장), SAM(유효 시장), SOM(수익 시장) 분석은 시장의 성장 가능성과 기업의 목표를 입증하는 데 중요한 도구다. 예를 들어, 전진훈 대표의 리얼티쓰는 TAM 분석을 통해 글로벌 치과 보철물 시장이 약 204조 원에 달하는 규모임을 입증했고, SAM 분석으로 이 중 디지털 치과 보철물 시장이 15조 원에 이른다는 점을 강조했다. 또한, SOM 분석을 통해 자사의 AI 기반 설계 솔루션이 실제로 점유 가능한 시장 크기를 추정하여 투자자들에게 명확한 시장 접근 전략을 제시했다. 예를 들어, 전진훈 대표의 리얼티쓰는 AI 기반 치과 보철물 설계 솔루션의 글로벌 시장 가능성을 정량적 데이터로 증명하며 투자자들의 신뢰를 확보했다.

② 단계별 자금 조달 계획 수립

기업은 초기 투자(Seed)부터 시리즈 A, B, C 등의 성장 단계별로 자금 조달 전략을 구체적으로 수립해야 한다. 이를 통해 자금 사용 계획과 예상 효과를 명확히 제시하여 투자자들에게 구체적인 청사진을 제공할 수 있다. 각 단계에서 필요한 자금의 규모와 용도를 명확히 설명하면, 투자자들은 기업의 성장 경로를 더 잘 이해할 수 있다.

③ 핵심 성과 지표(KPI) 강조

투자자들은 매출 성장률, 고객 유지율, 시장 점유율 등 실질적이고 측정 가능한 성과 지표를 통해 기업의 성장 가능성을 평가한다. 김진형 대표의 크래블은 초기 파일럿 프로젝트에서의 매출 성장 데이터와 고객 만족도를 활용해 투자자들의 관심을 끌었다. 이러한 구체적인 데이터는 기업의 신뢰도를 높이고 투자 유치 가능성을 크게 향상시킨다.

④ **전략적 파트너십 구축**

투자 유치 전략에서 중요한 요소 중 하나는 단순한 자금 조달을 넘어 산업 내 전략적 파트너와의 협력을 구축하는 것이다. 이러한 협력은 기업이 네트워크를 확장하고 추가적인 자원을 활용할 수 있는 기회를 제공한다.

협력 과정에서는 상호 신뢰를 구축하기 위해 명확한 역할 분담과 목표 설정이 중요하다. 협력사는 기술 개발, 유통망 확장, 마케팅 지원 등 다양한 영역에서 자원을 제공하며 기업의 성장을 가속화한다. 전략적 파트너십은 단순히 단기적인 지원을 넘어, 장기적인 협력을 통해 지속 가능한 성장을 이루는 데 기여한다.

2) 성공적인 실행 사례

투자 유치의 성공은 철저한 준비와 전략적 실행에서 비롯된다. 다음은 다양한 성공 사례를 통해 주요 전략을 살펴본다:

① **리얼티쓰의 글로벌 투자 유치:**
- **전략**: 리얼티쓰는 ISO 인증 및 특허를 통해 제품의 신뢰성을 입증하고, AI 기반 3D 설계 솔루션이 치과 산업의 디지털 혁신을 주도

할 수 있음을 강조했다. 또한, 글로벌 시장에서의 입지를 확보하기 위해 싱가포르, 미국, 중국에서 특허 출원과 상표 등록을 완료했다.
- **성과**: 초기 투자 단계에서 다수의 벤처 캐피탈로부터 성공적으로 자금을 유치했으며, 이를 통해 글로벌 스마트 공장을 설립하고 시장 점유율을 확대할 수 있었다. 이러한 전략은 리얼티쓰가 치과 보철물 시장에서 글로벌 리더로 자리 잡는 데 기여했다.

② 폼이즈의 정부 지원 활용:
- **전략**: 임혜경 대표는 필리핀과 사우디아라비아의 대형 프로젝트를 진행하며, 정부의 창업 지원 프로그램과 R&D 보조금을 활용했다. 이를 통해 초기 개발 비용과 제품 인증 비용을 절감하고, 국제 시장 진입에 필요한 기반을 마련했다.
- **성과**: 폼이즈는 정부 지원을 통해 자금을 확보한 뒤, 친환경 건축 자재로 국제 시장에서의 입지를 강화하며 주요 프로젝트에 참여했다. 이를 통해 지속 가능한 건축 솔루션 제공자로 자리매김했다.

③ 크래블의 파일럿 프로젝트 기반 투자 유치:
- **전략**: 김진형 대표는 인도네시아 농업 시장에서 파일럿 프로젝트를 성공적으로 운영하며, 초기 매출 데이터를 투자자들에게 제시했다. 또한, 지역 농업 단체와의 협력을 통해 신뢰를 확보하고 시장에서의 입지를 강화했다.
- **성과**: 파일럿 프로젝트 데이터를 바탕으로 초기 투자 유치에 성공했으며, 이를 통해 인도네시아 시장 내 자율주행 농업 로봇의 표준

을 확립할 수 있었다.

3) 투자 유치 과정에서의 도전과 극복 방안

① 투자자 신뢰 부족

초기 기업은 시장에서의 입지가 약하기 때문에 투자자들의 신뢰를 얻는 데 어려움을 겪는다. 이를 극복하기 위해 고객 사례, 파일럿 프로젝트 성과, 초기 매출 데이터를 활용하며, 제품의 시장 적합성을 증명하는 것이 중요하다. 예를 들어, 김진형 대표의 크래블은 인도네시아 농업 시장에서 파일럿 프로젝트를 성공적으로 운영한 결과를 데이터로 제시해 투자자들에게 신뢰를 얻었다. 이외에도 고객 인터뷰와 만족도 설문 결과를 공유하며 제품의 실제 효과를 입증한 점은 신뢰 구축에 크게 기여했다.

② 재무 계획의 불확실성

투자자들은 명확한 재무 계획을 요구하며, 자금 사용 계획과 예상되는 ROI(Return on Investment)를 구체적으로 제시하는 것이 필수적이다. 이를 해결하기 위해 예산 분배와 자금 흐름 관리를 체계화하고, 예상되는 위험과 이를 관리하기 위한 전략을 포함시켜야 한다. 임혜경 대표의 폼이즈는 초기 투자 유치 단계에서 세부적인 비용 배분 계획과 예상 매출 데이터를 제시하여 투자자들의 신뢰를 얻었다. 특히, 정부 지원금 활용 계획을 구체화하여 초기 투자 리스크를 줄인 사례는 효과적인 재무 전략의 좋은 예로 꼽힌다.

③ 경쟁 심화

유사한 비즈니스를 추진하는 기업 간의 경쟁이 심화될 수 있다. 기업은 제품이나 서비스의 차별화 요소를 강조하고, 기술 혁신, 낮은 가격, 빠른 시장 진입 등 경쟁 우위를 입증하는 전략을 통해 경쟁력을 확보해야 한다. 예를 들어, 전진훈 대표의 리얼티쓰는 경쟁사와의 차별화를 위해 불량률 1% 이하의 혁신적인 AI 설계 솔루션을 강조했다. 이러한 기술적 차별화는 투자자들에게 리얼티쓰의 독창성과 성장 가능성을 강력히 어필했다. 또한, 지속적인 기술 개선과 시장 피드백 반영을 통해 경쟁사와의 격차를 유지하는 데 성공했다.

투자 유치는 기업의 성장과 글로벌 시장 진출을 위한 중요한 단계다. 이를 위해 명확한 비즈니스 모델, 단계별 자금 조달 계획, 핵심 성과 지표, 그리고 전략적 파트너십을 강조해야 한다. 성공적인 투자 유치 사례는 철저한 준비와 전략적 접근을 통해 가능하며, 이를 통해 기업은 지속 가능한 성장을 이룰 수 있다. 창업자들은 이러한 사례를 참고하여 자신만의 투자 유치 전략을 수립하고 실행해야 할 것이다.

마무리: 새로운 도전의 시작

이 책은 창업을 준비하는 이들에게 방향성을 제시하고, 글로벌 진출을 꿈꾸는 창업자들에게 실질적인 도움을 제공하기 위해 집필했다. 각 장에서는 창업 과정에서 직면할 수 있는 다양한 도전과 이를 극복하기 위한 전략, 그리고 성공을 위한 구체적인 실행 방법을 다뤘다. 창업자는 아이디어를 구체화하고 실행하는 과정에서 수많은 장애물을 마주하게 되며, 이 책은 그러한 과정을 돕는 실질적인 지침서가 되고자 한다.

창업은 단순히 좋은 아이디어를 실행하는 것을 넘어, 지속적으로 배우고 성장하며 도전에 맞서야 하는 과정이다. 특히, 글로벌 시장에 도전한다는 것은 새로운 환경과 문화, 법적 제약, 그리고 경쟁 상황 속에서 성장 가능성을 찾아야 한다는 의미를 가진다. 그러나 이 과정에서 많은 기회도 함께 제공된다. 글로벌 시장에서의 성공은 단순히 운이나 타이밍의 문제가 아니라, 철저한 준비와 전략적 실행, 그리고 지속적인 개선과 혁신에 달려 있다.

이 책에서 소개된 사례와 전략들은 실제 현장에서 검증된 것들로, 창업자들에게 실질적인 인사이트를 제공한다. 성공적인 창업자들은 실패를 두려워하지 않고, 배운 것을 바탕으로 다음 도전을 준비한다. 그 과정에서 이 책이 제시하는 실행 방법과 팁은 창업자들에게 유용한 도구가 될 것이다. 이 책은 단순히 이론적 조언을 넘어, 실제 사례와 경험에서 얻어진 교훈들을 통해 창업자들이 자신만의 길을 개척할 수 있도록 돕는다.

이제 모든 준비가 갖춰졌다면, 아이디어를 실행에 옮겨야 할 시간이다. 불확실성은 창업의 필연적인 동반자지만, 그것을 최소화하는 방법은 철저한 준비와 꾸준한 실행력이다. 창업자는 시장 조사, 네트워크 구축, 자금 조달, 제품 개발 등 다양한 영역에서 도전을 이어 가야 하며, 이 과정에서 필요한 도구와 자료들은 부록에서 찾아볼 수 있다.

글로벌 시장 진출은 더욱 복잡한 도전 과제를 수반하지만, 이를 통해 얻을 수 있는 기회는 그만큼 크다. 성공적인 글로벌 진출을 위해 창업자는 문화적 차이를 이해하고, 현지화 전략을 수립하며, 네트워크를 확장하고, 법적 요건을 충족시키는 데 집중해야 한다. 이 책에서 제시한 글로벌 시장 진출 전략은 이러한 과정을 구체적으로 다루며, 독자가 글로벌 시장에서 경쟁력을 갖출 수 있도록 돕는다.

또한, 창업은 단순히 개인의 성공을 넘어, 사회적 가치를 창출하고 경제 발전에 기여하는 중요한 활동이다. 창업자가 만들어 가는 혁신은 새로운 일자리를 창출하고, 사회적 문제를 해결하며, 지역과 세계 경제에 긍정적인 영향을 미친다. 따라서 이 책은 창업자들이 개인적 성공에 머무르지 않고, 더 큰 목표를 바라보도록 독려한다.

이 책이 창업이라는 과정에서 중요한 나침반이 되기를 바란다. 창업자는 실패를 두려워하지 않고, 배움을 통해 더 나은 미래를 만들어가는 존재다. 이 책이 제시하는 전략과 팁을 바탕으로 각자의 아이디어를 실행하고, 성장과 혁신의 길을 걸어가기를 기대한다. 창업의 길은 쉽지 않지만, 그 도전 속에서 얻는 보상은 무엇과도 비교할 수 없다. 이 책이 창업자들에게 실질적인 영감과 동기를 제공하며, 그 여정에 든든한 동반자가 되기를 바란다.

부록

청년창업사관학교
합격노트

부록은 본문에서 다룬 주요 내용을 보완하며, 창업자와 글로벌 진출을 준비하는 독자들에게 실질적인 도움을 제공하기 위해 구성되었다. 부록은 사업계획서 양식, 자주 묻는 질문(FAQ) 및 실전 팁으로 나뉘어 있으며, 각 섹션은 창업자가 직면할 수 있는 다양한 문제를 해결하고 더 나은 의사 결정을 할 수 있도록 돕는 것을 목표로 한다. 이를 통해 독자는 실질적인 도구와 정보를 활용하여 창업 과정에서 발생하는 다양한 도전 과제를 체계적으로 극복할 수 있다.

1
사업계획서 양식

성공적인 창업의 첫걸음은 체계적이고 설득력 있는 사업계획서 작성이다. 이 섹션에서는 표준 사업계획서 양식을 제공하며, 작성 시 주의할 점과 심사위원이 중점적으로 평가하는 요소에 대한 가이드를 포함한다. 사업계획서는 창업자가 자신의 아이디어를 명확히 전달하고 평가 과정에서 높은 점수를 받을 수 있는 가장 중요한 문서 중 하나다. 이 섹션은 독자가 실제 평가 과정을 대비할 수 있도록 실질적인 팁과 예제를 제공한다.

[2025년 청년창업사관학교 신청서.hwp 양식(13p)]

2025년 창업성공패키지 지원사업
청년창업사관학교(사업화지원) 신청서

| 관리번호 | *(청년창업사관학교 담당자 기재)* | 접수번호 | *(청년창업사관학교 담당자 기재)* |

Ⅰ. 자가진단표

※ 본 내용은 사업 신청자격 유무를 신청자 본인이 직접 확인하기 위한 절차입니다.
자가진단 결과, 신청 과정별 하기 내용 중 어느 하나에 해당 시 신청 대상에서 제외됩니다. 또한, 서명 또는 증빙자료 등을 누락할 경우 접수 대상에서 제외하며, 신청 및 접수 사항은 K-startup 홈페이지에 등록된 기재내용을 기준으로 인정합니다.

☞ 위 사항을 정확히 확인하였으며, 본 내용에 동의합니다.   신청인   (서명)

[신청자 체크항목]   해당사항 체크

1	국세 또는 지방세를 체납 중(징수유예 포함)인 자(기업)	☐
2	한국신용정보원의 "일반신용정보관리규약"에 따라 연체, 대위변제·대지급, 부도, 관련인, 금융질서문란, 화의·법정관리·기업회생신청·청산절차 등 정보가 등록되어 있는 자(기업) * 단, 신용회복위원회의 프리워크아웃, 개인워크아웃 제도에서 채무조정합의서를 체결한 경우, 법원의 개인회생제도에서 변제계획인가를 받거나 파산면책 선고자, 회생인가를 받은 기업은 신청(지원)가능	☐
3	중소벤처기업부의 창업사업화 지원사업*을 통해 지원받은 자(기업) 및 기 선정되어 사업을 수행 중인 자(기업) * 중소벤처기업부 창업사업화 지원사업 : (공고 내 참고 5, 6) 참조 * 단, 예비창업패키지 수행완료(협약종료)자 및 수행 중인 사업의 협약 종료일이 동 사업의 접수 마감일 기준으로 3개월 이내(2025년 5월 12일)일 경우 신청가능(동 사업에 최종선정 되었을 경우 예비창업패키지 지원사업의 협약이 종료된 이후에 사업비 집행이 가능) * 단, 타 중앙부처의 사업화지원 사업에서 중복을 허용한 경우에는 중복지원 가능	☐
4	타 중앙부처의 창업사업화 지원사업에 선정되어 사업을 수행중인 자(기업) * 단, 수행 중인 사업의 협약 종료일이 동 사업의 접수 마감일 기준으로 3개월 이내(2025년 5월 12일)일 경우 신청가능하나, 동 사업에 최종선정 되었을 경우 타 창업사업화 지원사업의 협약이 종료된 이후에 사업비 집행이 가능	☐
5	고용노동부가 공개하는 체불사업주 명단에 포함된 자(기업)	☐
6	지원제외 대상 업종(공고 내 참고4)을 영위하고 있거나 영위하고자 하는 자	☐
7	신청일 현재 휴업중인 기업	☐
8	기타 중소벤처기업진흥공단 이사장이 참여제한의 사유가 있다고 인정하는 자(기업)	☐

창업성공패키지 사업 운영지침에 따라, 신청서를 제출하며 작성한 내용에 허위 사실이 있거나, 첨부 자료 누락 시 선정취소 등 불이익 처분에 동의합니다.

[첨부] 1. 청년창업사관학교(사업화지원) 신청서 1부 (필수서류)
2. 청년창업사관학교 신청 관련 증빙자료 각 1부
3. 개인 (신용)정보 수집.이용.제공.조회 동의서 1부 (필수서류)
4. 기업 (신용)정보 수집.이용.제공.조회 동의서 1부 (필수서류)

2025 년   월   일

신청인   (인)

중소벤처기업진흥공단 이사장 귀하

Ⅱ. 사업계획서

※ 본문 8page 내외로 작성(증빙서류 등은 제한 없음), '파란색 안내 문구'는 삭제하고 검정색 글씨로 작성하여 제출, 양식의 목차, 표는 변경 또는 삭제 불가(행추가는 가능, 해당사항이 없는 경우 공란)하며, 필요 시 사진(이미지) 또는 표 추가 가능

☐ **일반현황**

사업화 과제명	흰점박이 꽃무늬 유충(굼벵이) 사육 및 건강물질 추출하여 활용				
신청자 성명 (생년월일)	김곤중		성별	☐ 남 / ■ 여	
기업명	㈜자연에서		사업자등록번호	123-45-67890	
			법인등록번호	111111-2222222	
개업연월일 (회사성립연월일)	2022.10.01		사업자 구분	☐ 개인사업자 ■ 법인사업자 ■ 단독대표 ☐ 공동대표 ☐ 각자대표	
사업비 구성계획 (백만원)	정부지원금		70백만원	성과지표달성목표	직전년도(실적) ('24년 12/31 기준)	금년도(계획) ('25년 11/30기준)
				고용 (명)	2명 (대표자 제외)	5명
	대응 자금	현금	10백만원	매출 (백만원)	53백만원	250백만원
		현물	20백만원	수출 (백만원)	-백만원	50백만원
	합계		100백만원	투자 (백만원)	-백만원	200백만원

산업 및 지적재산권 등록현황 (신청과제 관련 특허, 실용신안, 프로그램 등, 해당시 사본 제출)			
재산권 종류	산업 및 지적재산명	등록번호(년월일)	권리권자
특허	굼벵이에서 추출한 자양강장 효과 조성물	10-2024-000000 (2024.10.22.)	㈜자연에서
상표등록			
디자인등록			

기술개발 및 사업화 실적 (최근 3년이내 개발실적 중요도 순으로 기재)				
개발과제 및 내용	개발기간	개발기관	신청자 역할	지원기관
유용곤충산업 양식	2023.10~2024.10	㈜자연에서	자체개발	

창업사업화 중복지원 검토 확인사항 (중앙정부 소관 지원사업 수행실적)			
사업명	지원기관	지원기간	지원금액
식용곤충을 통한 메뉴 개발	농촌진흥청	2023.02.01.~2023.07.31 연.월.일 단위까지 기재	65백만원

* 창업사업화 중복지원 검토 확인사항의 경우 공고문 참고 5, 6을 참조하여 작성

□ **사업화 과제 개요(요약)**

사업화 과제 소개	· 친환경 먹거리인 굼벵이(흰점박이꽃무지 유충 애벌레) 사육 　- 굼벵이는 2016년부터 식품원료로 인정받아 식용 및 약용으로 재배 가능 　- 100g당 단백질 함량이 58g으로 고단백 식품 　- 또한 자연 강장제 효능을 가지고 있어 간기능 보호에도 우수한 효과 · 현재 주된 판매처는 약재상, 쿠팡 등 이커머스를 통해 판매중 　- 향후 건강기능식품 제조업체에 납품하고자 협의 진행중 · 굼벵이는 흔히 자양강장식품으로 인식된 곤충 　- 우리나라에서는 농촌진흥청의 연구로 2016년 식약처의 최종적인 신소재 식품의 인증절차를 통과, 식품으로서 제조 및 판매가 가능 ※ 핵심기능, 소비자층, 사용처 등 주요 내용을 중심으로 상세히 기재 ※ 사업화 과제의 현재 개발단계를 기재 　예) 아이디어, 시제품 제작 중, 프로토타입 개발 완료 등
사업화 과제 차별성	· 우수 품종 굼벵이 대량 생산 기술 보유 　- 동종업계 품종 개량 기술 대비 500% 우수한 굼벵이 종자 생산력 　- 당사는 강원도 양구에서 300㎡ 자가농장을 보유 약 10만 마리의 굼벵이 사육중 ※ 동종업계 타 사업 및 기존 기술대비 우수성에 대한 내용 중심으로 상세히 기재 　예) 아이디어 및 시제품 차별성, 기술 차별성 등
국내외 목표시장	· 국내 : 쿠팡 등 이커머스를 통해 판매중, 건강기능식품 제조업체와 500억대 납품 협의 중 · 해외 : 굼벵이 식용이 이루어지고 있는 유럽과 동남아 진출 구상 중(수출 규모 1조이상) ※ 국내 외 목표시장, 시장규모, 판매 전략, 기확보된 판매채널 등을 상세히 기재
사업기간 내 성과달성목표	· 정량목표 : 2025년 매출 250백만원, 수출 40천불, 신규고용 3명 · 정성목표 : 현재 협력사인 건강기능식품 제조업체에 굼벵이 추출물을 납품 　　　　　　건강기능식품 유통업체 1위 기업인 LG생활건강과 업무협약 체결 ※ 매출, 수출, 고용 등 정량 목표 및 정성목표를 구체적으로 기재
이미지	※ 아이템의 특징을 나타낼 수 있는 참고 사진(이미지) 또는 설계도 삽입 / 재배중인 굼벵이 < 사진(이미지) 또는 설계도 제목 > ※ 아이템의 특징을 나타낼 수 있는 참고 사진(이미지) 또는 설계도 삽입　　※ 아이템의 특징을 나타낼 수 있는 참고 사진(이미지) 또는 설계도 삽입 < 사진(이미지) 또는 설계도 제목 >　　< 사진(이미지) 또는 설계도 제목 >

1. 문제인식 (Problem)   *(본문)*

1-1. 제품·서비스의 개발동기

※ 자사가 개발(보유)하고 있는 제품·서비스에 대한 개발동기 등을 기재

- ○ 굼벵이는 2016년부터 식약처의 인증절차를 통과하여 식품으로서 제조 및 판매가 가능
  - 굼벵이는 간기능 개선, 당뇨 및 성인병 개선, 혈액순환 촉진 등 다양한 효능으로 현대인들에게 매우 중요한 영양식품
    * 단백질 57.85%, 탄수화물 16.85%, 지방 17.85% 및 각종 비타민과 마그네슘, 인, 칼륨 등이 다량으로 함유돼 있어 고급약재로 널리 알려짐
- ○ 곤충산업이 성장성이 높은 산업으로 확신, 2022년 창업
  - 미래 식량 대비 및 고단백 식품에 대한 소비자 관심 증대로 향후 5년간 곤충산업 시장 규모는 약 5조원으로 확대될 것으로 예상

1-2 제품·서비스의 목적 (필요성)

※ 제품(서비스)을 구현하고자 하는 목적, 고객의 니즈를 혁신적으로 해결하기 위한 방안 등을 기재

- ○ 지구온난화 등 기후 변화로 인해 미래 식량에 대한 소비자 관심 증대
  - 곤충 식품에 대한 긍정적 이미지 제고
  - 곤충에 대한 불호 잠식위해 다양한 맛과 형태로 소비자에 접근
- ○ 단백질에 대한 소비자 관심이 상승함에 따라 고단백 대체 식품으로 굼벵이에 대한 선호가 증가
  - 이에 따라 굼벵이 추출물을 이용해 저비용 고효율의 건강식품 개발 가능(원물, 건조, 분말 형태)
  - 현대인에게 친환경적 고단백식을 제공하여 건강 불균형 해소

2. 실현가능성 (Solution)

2-1. 제품·서비스의 개발 방안

※ 제품(서비스) 구현정도, 제작 소요기간 및 제작방법(자체, 외주), 추진일정 등을 기재

○ 특허받은 기술을 활용하여 굼벵이에서 자양강장 물질을 추출
  - 굼벵이를 건조시켜 분말 형태로 만들고, 다른 물질과 일정 비율로 혼합한 후 살균 처리를 거쳐 캡슐 형태로 제조

○ 인삼, 대추 등과 혼합하여 엑기스 형태로 판매
  - 굼벵이 영양성분 추출 기술과 대추, 인삼 등과의 고유 혼합 비율을 통해 '호불호 없는 굼벵이 식품' 개발
  - 이를 통해 소비자 수요 증대 및 대체 식품 시장 선점

< 사업 추진일정 >

추진내용	추진기간	세부내용
제품보완, 신제품 출시	2023.0.0. ~ 2024.0.0.	OO 기능 보완, 신제품 출시
홈페이지 제작	2023.0.0. ~ 2024.0.0.	홍보용 홈페이지 제작
글로벌 진출	2023.0.0. ~ 2024.0.0.	베트남 OO업체 계약체결
...		
...		

2-2. 고객 요구사항에 대한 대응방안

※ 기능·효용·성분·디자인 등의 측면에서 현재 시장에서의 대체재(경쟁사) 대비 우위요소, 차별화 전략 등을 기재

○ 굼벵이 원물 자체로도 판매하고 있으나, 거부감이 든다는 우려가 있어 대부분 분말 형태로 판매 중이지만 노년층은 섭취가 불편함
  - 우리 제품은 고객이 섭취하기 편하도록 대추 등과 혼합한 엑기스 형태로도 판매하고 있음(식약처 허가 완료)

3. 성장전략 (Scale-up)

3-1. 자금소요 및 조달계획

※ 자금의 필요성, 금액의 적정성 여부를 판단할 수 있도록 사업비(정부지원금+대응자금)의 사용계획 등을 기재(신청사업의 통합관리지침 및 세부관리기준에 근거하여 작성)

o 기술개발 및 제품화, 마케팅 추진을 위해 총 1억원의 자금이 필요하며, 이 중 7천만원의 정부지원금을 기술개발에 활용할 예정

- 3천만원 상당의 굼벵이 건조 및 분말 기계 구입
- 4천만원 상당의 살균 및 캡슐 제조 업무협약 진행 예정

o 2024년 53백만원의 매출 발생되었고, 올해 150백만원의 매출 예상

- 회사에서 발생된 현금흐름을 통해 대응자금(현금/현물)을 충당
- 25년 예상 투자 1억 유치 노력 및 융자 1억, 총 2억의 추가 자금 조달을 통해 기술개발 및 시장확대에 전념

< 사업비 세부내역(정부지원금+대응자금) >

비 목	산출근거	금액(원)		
		정부 지원금	대응자금 (현금)	대응자금 (현물)
재료비	• DMD소켓 구입(00개×0000원)	3,448,000		
	• 전원IC류 구입(00개×000원)	7,652,000		
외주용역비	• 시금형제작 외주용역(OOO제품 … 플라스틱금형제작)		7,000,000	
지급수수료	• 국내 OOO전시회 참가비(부스임차, 집기류 임차 등 포함)			
인건비				10,000,000
…				
…				
…				
합 계				

3-2. 시장진입 및 성과창출 전략

3-2-1. 내수시장 확보 방안 (경쟁 및 판매가능성)

※ 내수시장을 중심으로 주 소비자층, 주 타겟시장, 진출시기, 시장진출 및 판매 전략, 그간 실적 등을 구체적으로 기재

○ 현재 약재상(오프라인)과 쿠팡 등 이커머스(온라인)를 통해 판매중
   - 특허받은 굼벵이 추출법을 활용하여 건강기능식품 재료로 납품예정

○ **내수시장 진출 실적** ※ 관련실적이 없는 경우 '해당사항 없음'으로 기재

유통채널명	진출시기	판매 아이템	판매금액
롯데마트	2024.2.14.~2024.2.22.		○○○백만원
...			
...			

3-2-2. 해외시장 진출 방안 (경쟁 및 판매가능성)

※ 해외시장을 중심으로 주 소비자층, 주 타겟시장, 진출시기, 시장진출 및 판매 전략, 그간 실적 등을 구체적으로 기재

○ 곤충을 식품으로 이미 사용하고 있는 유럽, 아시아 지역을 타켓으로 식품박람회 등에 참여하여 해외시장 진출 예정
   - 특히, 온라인 박람회 등에 참여해 해외 바이어 발굴 예정

○ **글로벌 진출 실적** ※ 관련실적이 없는 경우 '해당사항 없음'으로 기재

수출국가수	수출액	수출품목수	수출품목명
○개국	○○○백만원	○○개	○○○, ○○○, ○○○
...			
...			

○ 글로벌 진출 역량 ※ 관련실적이 없는 경우 '해당사항 없음'으로 기재

해외특허 건수 (출원 제외)	국제인증 건수	국제협약체결 건수 (외국 현지기업과 MOU, NDA 등)
O건	OO건	OO건
...		
...		

○ 수출분야 핵심인력 현황 : 00명

※ 수출인력이 없는 경우 '해당사항 없음'으로 기재
※ 수출분야 핵심인력 예시
 - 임직원 중 수출 또는 무역 관련 회사 경력자, 임직원 중 1년 이상 해외 근무 경험자, 임직원 중 해외학위(학사 이상) 보유자 등

성 명	직 급	주요 담당업무	경력 및 학력
OOO	과장	영어권 수출	OO무역회사 경력 3년
...			베트남 현지 무역업체 2년 근무
...			
...			

3-2-3. 협약기간(~) 내 성과 목표 및 달성 방안

※ 협약기간 내 정량적인 성과목표와 이를 달성하기 위한 방안
※ 협약기간 내 시제품과 관련된 성과목표와 이를 달성하기 위한 방안

○ (정량목표) 매출 250백만원, 수출 40천불, 신규고용 3명
  (정성목표) 건강기능식품 제조업체에 굼벵이 추출물을 납품

 - 기존 판매방식(온/오프라인) 유지와 더불어, 굼벵이 추출물을 개발, 신제품을 개발함으로써 매출 등 정량목표 달성 노력

4. 팀 구성 (Team)

4-1. 대표자·직원의 보유역량 및 기술보호 노력

○ **대표자 현황 및 역량**

> ※ 제품(서비스)과 관련하여 대표자가 보유하고 있는 이력, 역량 등을 기재

- 김곤충 대표자는 국립대 연구원으로 창업, 굼벵이 추출물을 직접 개발하여 특허 등록하였고, 2024년 세계 굴지의 이커머스에 등록하는 등 관련 기술개발 지식수준과 마케팅 역량이 우수

○ **현재 재직인원 및 고용계획**

> ※ 사업 추진에 따른 현재 재직인원 및 향후 고용계획을 기재

- 매출 상승에 따라 마케팅 전문가 2명, 생산관리 1명 추가고용 예정

현재 재직인원 (대표자 제외)	2명	추가 고용계획 (협약기간 내)	3명

○ **직원 현황 및 역량**

> ※ 사업 추진에 따른 현재 고용인원 및 향후 고용계획을 기재
> * 일자리 안정자금이란? 최저임금 인상에 따른 소상공인 및 영세중소기업의 경영부담을 완화하고, 노동자의 고용불안을 해소하기 위하여 정부에서 근로자 보수를 지원(고용노동부, 근로복지공단)

순번	직급	성명	주요 담당업무	경력 및 학력 등	채용연월	일자리 안정자금 수혜여부
1	과장	OOO	S/W 개발	컴퓨터공학과 교수	'22. 8	O / X
2	...		해외 영업(베트남, 인도네시아)	OO기업 해외영업 경력 8년	채용예정	
3	...		R&D	OO연구원 경력 10년		

○ **추가 인력 고용계획**

순번	주요 담당업무	요구되는 경력 및 학력 등	채용시기
1	S/W 개발	IT분야 전공 학사 이상	'16. 8
2	해외 영업(베트남, 인도네시아)	글로벌 업무를 위해 영어회화가 능통한 자	
3	R&D	기계분야 전공 석사 이상	

○ 업무파트너(협력기업 등) 현황 및 역량

※ 창업아이템 개발에 필요한 협력사의 주요역량 및 협력사항 등을 기재

순번	파트너명	주요역량	주요 협력사항	비고
1	○○전자		테스트 장비 지원	~'24.12
2	○○유통		전속 판매채널 확보	협력 예정
3	○○대학교		기술검증 및 제품 테스트	~'28.03

○ 기술보호 노력

- 주된 기술이라 할 수 있는 "굼벵이 추출물"에 대해서는 이미 특허 등록되어 있어 기술보호 가능

※ 개발(한)하는 제품·서비스의 보호방안 및 운영하고 있는 자체 기술보호(보안) 관리 체계(보안담당자 지정, 기술보호교육, 보안규정, 기술임치도입, 출입관리 등 기술적 물리적 보안시스템 운영 등)
※ 제품·서비스 개발 후 기술유출 방지를 위한 기술보호 계획을 기술

4-2. 사회적 가치 실천계획

※ 양질의 일자리 창출을 위한 중소기업 성과공유제, 비정규직의 정규직화, 근로시간 단축 등 사회적 가치 실천계획을 기재
* 중소기업 성과공유제 개요 : 중소기업 근로자의 임금 또는 복지 수준 향상을 위해 사업주가 근로자간에 성과를 공유하는 제도 (중소기업 인력지원 특별법 제27조의 2)

구분		내용
현금	경영성과급	기업 차원에서 이익 또는 이윤 등의 경영성과가 발생했을 때 해당 성과를 회사 종업원들과 공유하는 경영활동
	직무발명보상	종업원, 법인의 임원 또는 공무원이 개발한 직무발명을 기업이 승계 소유하도록 하고, 종업원 등에서 직무발명의 대가에 상응하는 정당한 보상을 해주는 제도
주식	우리사주	'우리 회사 주식 소유제도'의 줄임말로, 근로자가 자신이 근무하는 회사의 주식을 취득 보유할 수 있도록 하는 제도
	주식매수선택권 (스톡옵션)	회사가 정관으로 정하는 바에 따라 임직원 등에게 미리 정해진 가격으로 신주를 인수하거나 회사의 주식을 매수할 수 있는 권리를 부여하는 것
공제 및 기금	내일채움공제	5년 이상 장기재직한 핵심인력에게 중소기업과 핵심인력의 공동적립금과 복리이자를 성과보상금 형태로 지급하는 제도
	과학기술인공제회	과학기술인에 대한 생활안정과 복리를 도모하기 위해서 설립된 공제기구
	사내근로복지기금	근로자의 복지를 위해 기업이 이익금을 출연해 조성한 기금
일·생활 균형제도	일·생활균형캠페인 참여 기업	기업의 일하는 방식과 문화를 개선하고자 고용노동부에서 시행하는 '일·생활균형캠페인' 참여기업(고용노동부 승인)

* 출처 : 중소기업 성과공유제 활성화 방안, 중소기업연구원, 2016
* 대중소기업 상생협력 촉진에 관한법률 제8조(상생협력 성과의 공평한 배분)의 성과공유제와는 다른 제도임

o 핵심인력 유지를 위해 내일채움공제 등 정책을 이용할 계획임

-

< 중소기업 성과공유제 도입현황 및 계획 >

제도명	도입 여부	주요내용	실적*
내일채움공제	완료('24.10)	정관 취업규칙 등 내부 규정과 주요내용을 발췌하여 기재	근로자 2인 적용
스톡옵션	완료('24.06)	'17.6월 제도도입 이후 기업 주주총회를 통해 스톡옵션 부여	총 0명, 000주 (0000원) 행사
사내근로복지기금	예정('25.06)	기금조성 및 기금법인 설립, 운용규정 마련	00백만원
...			

4-3. 지역특화(특성화, 중점분야) 산업 기반 사업추진계획

※ 지역에 특화된 산업을 신기술 또는 최신 트렌드와 결합한 측면에서 기술
※ 지역경제 활성화 및 동반성장을 위한 ESG 경영 도입계획 등을 포함하여 작성
※ 신청과제가 지역특화 분야와 관련된 내용이 없으면 '해당사항 없음'으로 기재

o 중소벤처기업부에서 선정한 지역주력산업에 강원도 주력산업은 "천연물바이오 소재"가 포함

- 굼벵이 추출물은 위 주력산업에 해당되며, 당사의 역량을 집중하여 향후 지역대학과 협력하여 바이오/식품 분야 활성화

- 제품 생산시 지역에서 생산되는 원료를 사용하고, 지역주민을 채용하는 등 지역경제 활성화에 기여

o

-

5. 실험실 창업 트랙

※ 실험실 창업 트랙 신청이 아닌 경우 '해당사항 없음'으로 기재

5-1. 소속 기관·대학에서 개발이 완료된 기술 또는 연구경험 분야 활용 계획
(연구원 창업기업으로 지원하는 경우)

○ 대표자는 OO대학교 연구원으로 재직시 ~~~~ 기술을 개발하여 이를 토대로 사업화를 추진(기술개발 과정, 연구경험 등 소개)

- 향후 ~~ 하겠음(이를 활용한 사업계획, 향후 진출 분야 등)

5-1. 공공기술 기술이전 및 활용 계획
(공공기술 창업사업화 기업으로 지원하는 경우)

※ 창업아이템을 고도화시킬 수 있는 공공기술 기술이전 노력, 추진방안, 일정 등 기재
※ 공공연구기관 보유 기술을 탐색하고 창업 아이템(제품 또는 서비스)에 적용(도입) 계획 등
※ 기술이전(양도) 계약 이후 기술적용 제품 또는 서비스 개발과 함께 후속 기술 개발 등 계획

○

-

2025년 창업성공패키지 지원사업
청년창업사관학교 신청서 관련 제출자료

* 증빙자료는 신청 시 첨부 (접수 시 면제·가점 등 체크하였으나 서류 누락하거나 식별 불가능한 경우 불인정)

I. 필수서류

- ☐ 2025년 창업성공패키지 지원사업 신청서
- ☐ 서류 심사 면제 및 가점사항 증빙서류 (해당시)
- ☐ 개인 및 기업 (신용)정보 수집·이용·제공·조회 동의서 (첨부 양식 사용)

II. 증빙 서류

- ☐ 창업기업확인서 (기창업/cert.k-startup.go.kr)
- ☐ 사업자등록증명원 (기창업/창업 3년 이내)
- ☐ 법인등기사항전부증명서 (기창업/창업 3년 이내)
- ☐ 사실증명(총사업자등록내역)확인서 (예비창업/www.hometax.go.kr)
- ☐ 주민등록등본 (예비창업/www.민원24)
- ☐ 건강보험자격득실 확인서 (대표자)

2
자주 묻는 질문(FAQ) 및 실전 팁

창업과 글로벌 진출을 준비하는 과정에서 창업자들은 다양한 도전과 질문에 직면하게 된다. 이 부록은 창업자들이 자주 묻는 질문에 대한 명확한 답변과 성공적인 창업과 투자 유치를 위한 실질적인 팁을 제공한다. 창업 과정에서의 불확실성을 줄이고 실행력을 높이는 데 필요한 핵심 정보를 구체적으로 전달한다.

자주 묻는 질문(FAQ)

Q1. 정부 지원 사업에 신청하기 위한 핵심 조건은 무엇인가요?

A: 정부 지원 사업의 핵심 조건은 사업계획서의 충실성과 창업 아이템의 혁신성이다. 시장 분석, 수익 모델, 실행 계획이 명확히 작성되어야 하며, 지원 사업의 목적에 부합해야 한다. 지원금 신청 시에는 구체적인 목표 달성 지표와 예상되는 사회적, 경제적 영향을 함께 제시하면 유리하다. 사업에 대한 법적 준비(사업자 등록, 인증 등)도 필수다. 일부 지원 사업은 기존 매출이나 자금 조달 실적이 있는 경우 가산점을 제공하기도 한다.

Q2. 글로벌 시장 진출을 위해 가장 먼저 해야 할 일은 무엇인가요?

A: 글로벌 시장 진출의 첫 단계는 철저한 시장 조사다. 목표 시장의 경제적, 문화적 특성과 경쟁 환경을 파악한 후, 제품이나 서비스를 현지화하는 작업이 필수적이다. 초기 진출 국가를 선정하는 데 있어 TAM(전체 시장), SAM(유효 시장), SOM(수익 시장) 분석이 효과적이다. 또한, 현지 규제와 인증 요건을 충족하기 위한 준비도 필수다. 예를 들어, 미국 시장 진출에는 FDA 인증이, 유럽 시장 진출에는 CE 인증이 필요할 수 있다.

Q3. 심사위원을 설득하기 위한 가장 중요한 요소는 무엇인가요?

A: 심사위원을 설득하기 위해선 명확한 비즈니스 모델과 데이터에 기반한 성과가 필요하다. 매출 성장률, 고객 확보율, 시장 점유율 같은 구체적인 수치를 제시하면 신뢰를 얻을 수 있다. 예상되는 리스크와 이를 극복하기 위한 전략을 함께 제시하는 것도 중요하다.

Q4. 창업 초기에 자금이 부족할 때 어떤 전략을 사용할 수 있나요?

A: 창업 초기에는 정부 지원금, 크라우드펀딩, 엔젤 투자와 같은 다양한 자금 조달 방안을 활용할 수 있다. 최소 기능 제품(MVP)을 개발해 초기 매출을 창출하거나 전략적 파트너와 협력해 자원을 공유하는 것도 효과적이다. 크라우드펀딩의 경우, 목표 금액과 사용 목적을 명확히 제시하면 성공 가능성을 높일 수 있다.

Q5. 사업계획서를 작성할 때 주의할 점은 무엇인가요?

A: 사업계획서는 간결하고 설득력 있는 문체를 사용해야 한다. 핵심 내용을 도표나 그래프로 시각화하고, 시장 분석, 재무 계획, 위험 관리 방안을 구체적으로 제시하는 것이 중요하다. 경쟁사의 약점과 자사의 강점을 비교하는 내용을 포함하면 설득력을 높일 수 있다.

Q6. 글로벌 진출 시 현지 파트너사를 어떻게 찾을 수 있나요?

A: 현지 파트너사는 무역 박람회, 국제 컨퍼런스, 지역 상공회의소를 통해 발굴할 수 있다. 초기에는 소규모 파일럿 프로젝트를 통해 협력 가능성을 평가하고, 성공적인 결과를 기반으로 관계를 확대하는 것이 효과적이다.

실전 팁

① 사업계획서 차별화

사업계획서는 실행 가능성을 입증하는 도구다. 시장 분석, 경쟁사 비교, 자금 활용 계획을 명확히 제시하라. 주요 성과 지표(KPI)를 포함하고 불필요한 내용을 생략해 명확성을 높이는 것이 중요하다.

② 네트워크 구축

관련 업계 행사, 컨퍼런스, 박람회에 참여해 투자자와 파트너를 만나고 관계를 형성하라. 지속적인 네트워크 관리는 투자 유치와 시장 진출의 성공 가능성을 높이는 핵심 요소다.

③ 현지화 전략 실행

　글로벌 시장 진출 시 현지 소비자의 요구를 반영하라. 제품의 언어, 디자인, 가격 정책에서 현지 문화를 반영하고, 현지화된 고객 지원 서비스를 제공해 소비자 만족도를 높여라.

④ 데이터 기반 의사결정

　심사위원들은 데이터에 기반한 의사 결정을 선호한다. 고객 행동 데이터, 시장 점유율, 매출 성장 데이터를 정기적으로 수집하고 분석해 투자자들에게 신뢰를 심어라.

⑤ 파일럿 프로젝트 활용

　초기 시장에서 파일럿 프로젝트를 통해 제품 효과를 입증하고, 이를 기반으로 투자자와 고객 신뢰를 구축하라.

⑥ 정부 지원 프로그램 활용

　정부 지원 사업은 초기 자금 부족 문제를 해결하는 데 유용하다. 요구 사항을 철저히 분석하고 맞춤형 사업계획서를 준비하라.

⑦ 리스크 관리 계획 수립

　예상치 못한 위험에 대비해 리스크 관리 계획을 수립하라. 위기 상황에서도 빠르게 대응할 수 있는 유연성을 확보하는 것이 중요하다.

FAQ와 실전 팁은 창업과 투자 유치 과정에서 직면할 수 있는 여러 도전에 대한 해답과 방향성을 제공한다. 이 부록이 창업자들에게 유용한 지침이 되어 성공적인 창업과 성장을 이루는 데 도움이 되길 바란다.

청년창업사관학교
합격노트

ⓒ 이준병, 2025

초판 1쇄 발행 2025년 6월 15일

지은이　　이준병
펴낸이　　이진수
펴낸곳　　엘프린트
주　소　　서울특별시 용산구 청파로49길 37-3, 1층 24호
출판등록　제2022-000081호

ISBN　979-11-981032-8-4 (03320)

- 가격은 뒤표지에 있습니다.
- 이 책은 저작권법에 의하여 보호를 받는 저작물이므로 무단 전재와 복제를 금합니다.
- 파본은 구입하신 서점에서 교환해 드립니다.